PARTI SOCIALISTE (Section Française de l'Internationale Ouvrière)

Congrès National du 5 Octobre 1918

RAPPORT du GROUPE SOCIALISTE au PARLEMENT

Camarades,

Le rapport du Groupe socialiste au Parlement que j'ai l'honneur de présenter au Congrès national des 6-13 octobre 1918 résume l'action du Groupe depuis le Congrès de Bordeaux.

Cette action ne fut pas toujours unitaire, les courants d'opinion qui s'opposent dans chacune des assemblées du Parti se retrouvent naturellement au sein de sa représentation parlementaire.

Unanime dans sa volonté de défense nationale, dans son amour profond de la France qu'il veut libre, indépendante, maîtresse de ses destinées, grande, aimée de tous les peuples, comme la patrie de la liberté, le groupe est divisé sur la méthode et les moyens à employer pour que la guerre épouvantable, que les peuples subissent, aboutisse à une fin démocratique, à une paix durable.

Quels sont ceux qui sont dans la meilleure voie ? Il n'appartient pas au rapporteur de se prononcer. Je dois simplement constater que la même bonne foi anime les uns et les autres et que tous affirment hautement le même désir : servir la cause de la France, de la démocratie et du socialisme international.

Je vais donc analyser rapidement et le plus objectivement possible l'attitude du Groupe dans les diverses questions sur lesquelles il a dû prendre position.

***

Au début de cet exposé, j'adresse au nom de tous notre souvenir ému à notre regretté camarade Sorriaux, député du Pas-de-Calais, décédé dans une geôle allemande en Belgique, où il était détenu à la suite d'une condamnation par un conseil de guerre devant lequel il fut accusé d'avoir favorisé des évasions de Français des régions envahies. Notre camarade est mort pour la France. Nous saluons sa mémoire.

***

La disparition de Sorriaux porte à 7 le nombre des membres du Groupe décédés depuis la guerre. Deux adhésions nouvelles lui sont parvenues, celles de nos camarades Berthon, député du Var et Diagne, député du Sénégal.

***

Lors du renouvellement du bureau de la Chambre des députés, le Groupe ayant décidé de prendre part à l'élection, Arthur Groussier et Hubert-Rouger furent désignés pour être portés sur la liste commune des groupes et furent élus, le premier vice-président et le second secrétaire de la Chambre.

Le Ministère Painlevé

Le premier débat qui s'ouvrit sous le règne éphémère de ce ministère fut celui du 16 octobre provoqué par l'interpellation Mayéras sur la « non concordance des déclarations faites le 12 octobre par le ministre des affaires étrangères et les termes dans lesquels elles ont été enregistrées à l'*Officiel* ».

Il faut se rappeler que le 12 octobre, au

cours de l'interpellation de M. Georges Leygues, M. Ribot avait fait allusion à certaines offres de pourparlers de paix faites par une puissance ennemie à un « haut personnage politique français ». A l'*Officiel*, cette imprudente révélation avait disparu du discours du ministre. La haute personnalité en question était M. Briand.

La Chambre estima nécessaire le Comité secret dès que Mayéras eut posé la question le 16 octobre. A la reprise de la séance publique, l'ordre du jour pur et simple fut réclamé par les amis du gouvernement.

La controverse avait été entre MM. Ribot et Briand ; ce n'était pas le cabinet Painlevé qui était en cause ; de plus, le nouveau gouvernement n'avait pas encore fourni ses preuves et le langage de son chef était irréprochable, mais l'ordre du jour pur et simple semblant accorder implicitement une confiance que les socialistes n'avaient pas en M. Ribot, ministre des Affaires étrangères, les membres du Groupe s'abstinrent unanimement après l'avoir déclaré catégoriquement.

L'ordre du jour pur et simple rallia 313 voix.

Le même jour, M. J. Delahaye interpella sur l'affaire Léon Daudet ; les hésitations du président du Conseil, son indécision, son manque de fermeté firent que l'ajournement de l'interpellation demandé par le gouvernement ne fut voté que par 246 contre 189, parmi ces derniers toutes les voix socialistes.

Le ministère ne pouvait rester sur ces votes qui l'affaiblissaient ; il affronta, le 19 octobre, un nouveau débat soulevé par un de ses partisans. Ce fut un piètre débat au cours duquel le président fit preuve de la plus grande honnêteté, mais ne donna pas l'impression de force et d'énergie qu'il eût été nécessaire qu'il donnât pour se consolider.

Le Groupe marcha ce jour-là en ordre dispersé et sans ligne directrice. Un de ses membres combattit l'ordre du jour de confiance. Un autre proposa l'ordre du jour pur et simple, et alors que sur le fond du débat tous les membres du Groupe étaient d'accord, au vote ils se séparèrent : 54 votèrent l'ordre du jour pur et simple, 35 s'abstinrent. Il fut repoussé par 346 voix contre 74.

A la suite de cette séance, M. Painlevé essaya de fortifier son ministère en démissionnant M. Ribot qu'il remplaça par M. Barthou.

La présence de ce dernier au Quai d'Orsay justifia l'interpellation Moutet mandaté par le Groupe pour demander au nouveau titulaire du portefeuille des Affaires étrangères quelles étaient « les directions que le gouvernement entendait donner à la politique extérieure de la France ».

Moutet lui demanda s'il adhérait du fond du cœur aux formules du gouvernement et de la Chambre, s'il était résolument pour la politique des fins démocratiques de la guerre et s'il répudiait la politique de conquêtes et d'annexions.

M. Painlevé, dont la bonne volonté et les convictions démocratiques ne font doute pour personne, tint un langage sensé, mais M. Barthou, malgré son habileté, ne parvint pas à dissimuler ses pensées de derrière la tête ; l'ancien prédicateur des revendications chauvines et annexionnistes redevint à la tribune l'homme de droite qu'il fut toujours.

Albert Thomas essaya de le faire préciser. Ce fut en vain, aucune parole de netteté ne put lui être arrachée sur ce qu'il entendait par « garanties ».

Moutet avait déposé au nom du Groupe l'ordre du jour suivant :

> La Chambre, se référant à la déclaration ministérielle du 18 septembre 1917 pour fixer les directions de la politique extérieure et les buts de guerre de la France, convaincue que la formule et la garantie de la paix durable et juste se trouveront principalement dans la force organisée de la Société des nations, passe à l'ordre du jour.

Cet ordre du jour n'ayant pas la priorité, on vota d'abord par acclamation et à l'unanimité le texte ci-dessous :

> La Chambre adressant aux soldats qui, par la victoire des armes, préparent le triomphe du droit, le témoignage de son admiration et de sa reconnaissance,

Puis par 288 contre 137 (parmi ces derniers tous les socialistes) on vota l'ordre du jour de confiance :

> La Chambre, confiante dans le gouvernement pour assurer, par une action militaire et diplomatique toujours plus énergique et une union de plus en plus étroite avec les alliés, la victoire définitive du droit, et repoussant toute addition, passe à l'ordre du jour.

Le 13 novembre, retour de Londres et de Rome où il avait obtenu de sérieux résultats, M. Painlevé fit une communication aux Chambres. Interpellé sur-le-champ, il ne sut pas tirer partie des excellents résultats de sa mission. Mayéras et Bracke, sur l'unité d'effectifs, posèrent d'utiles questions auxquelles il ne fut pas répondu et la Chambre vota par 250 voix contre 192 l'ordre du jour de confiance. 6 socialistes votèrent pour, 77 contre, 6 abstentions.

Dès ce moment, le Cabinet était condamné, cependant personne n'avait le désir d'ouvrir immédiatement la crise, les élus socialistes moins que tous autres, car ils voyaient se profiler à l'horizon la silhouette menaçante de M. Clemenceau. Par quel phénomène de séance — lorsque quelques instants après MM. Emile Constant et J. Delahaye demandèrent la discussion immédiate des interpellations sur les scandales — 76 socialistes votèrent-ils contre le renvoi demandé par le gouvernement ? C'est inexplicable, sinon par l'impression de faiblesse produite par le gouvernement et le désir d'en finir tout de suite. 3 socialistes votèrent pour, 10 s'abstinrent. Par 277 voix contre 186, le Cabinet était renversé sur la question des scandales dont M. Clemenceau s'était fait un piédestal.

Le Ministère Clemenceau

Par une campagne de 3 ans de dénigrements systématiques et de critiques acerbes contre tous les gouvernements, M. Clemenceau avait préparé son avènement au pouvoir. Le Groupe socialiste l'avait prévu, et dans sa séance du 9 novembre 1917, il avait, par un ordre du jour motivé, demandé à ses membres de s'abstenir de s'associer à la campagne de couloirs faite en faveur de l'ancien président du Conseil qui avait refusé jusqu'à ce moment sa collaboration aux divers gouvernements de défense nationale.

La crise ouverte, le Groupe se réunissait d'urgence le 14 novembre pour examiner la situation. Il se déclarait favorable à une combinaison groupant tous les républicains pour une politique vigoureuse de défense nationale assignant à la guerre des fins démocratiques. Il chargeait sa Commission permanente composée d'Albert Thomas, Marcel Cachin, Hubert-Rouger, Mayéras, Mistral, Renaudel, Sembat, d'entrer en conversation avec le Groupe radical-socialiste et le Groupe républicain socialiste.

Dès le premier contact, les délégués du Groupe eurent l'impression que si certains républicains étaient désireux d'appliquer les résolutions prises par les organisations politiques qu'ils représentaient, d'autres étaient hésitants et irrésolus. Les Groupes avaient décidé qu'aucun de leurs membres ne pourrait devenir ministre sans l'autorisation du groupement.

Les radicaux interprétaient diversement la résolution du Comité exécutif disant que leur adhésion ne pouvait être donnée qu'à une combinaison réunissant tous les républicains. Les uns affirmaient qu'on ne pouvait adhérer à une combinaison Clemenceau, les socialistes n'en faisant pas partie, les autres se refusaient à donner à la motion une valeur d'exclusive.

La combinaison Clemenceau, prête depuis des mois, fut publiée dans les 48 heures, les radicaux s'inclinèrent, les républicains socialistes également.

Dans sa séance du 15 novembre, le Groupe socialiste prit acte de ce que les pourparlers pour une action commune avaient échoué et fit le communiqué suivant à la presse :

> Le Groupe a constaté que sont terminés les pourparlers engagés. Ceux-ci ne pouvant aboutir à une attitude politique commune à l'égard du gouvernement en formation, il a décidé de poursuivre avec énergie et méthode la politique de défense nationale et d'action démocratique qu'il a constamment proposée.

La Déclaration ministérielle fut apportée aux Chambres le 20 novembre. Alexandre Varenne rappela le passé inquiétant du Président du Conseil, ses erreurs, ses violences contre la classe ouvrière, et lui demanda s'il n'en restait pas le prisonnier. Compère-Morel souligna l'absence de programme économique et de plan d'organisation de la production rurale ; la réponse pateline du président du Conseil fut une simple affirmation de bonne volonté ; il exerça inopportunément son ironie contre la Société des Nations à l'heure même où le grand président Wilson lançait toute l'Amérique en guerre pour sa réalisation. Ce fut ce qu'Albert Thomas souligna. 418 voix proclamèrent leur confiance. 64 socialistes votèrent contre, 25 s'abstinrent.

Le 18 janvier, Poncet interpella sur la souscription ouverte dans l'*Action Française* sous le titre : « *La Part du Combattant* ». De son volumineux dossier, il tira la preuve éclatante qu'en pleine guerre on préparait les cadres d'une armée prétorienne pour le coup d'Etat contre la République.

La Chambre fut émue : l'ordre du jour suivant fut déposé :

> La Chambre, flétrissant les menées de guerre civile qui tendent à diviser le pays devant l'ennemi, confiante dans le gouvernement pour les réprimer et pour assurer la défense des institutions républicaines par la stricte application de la loi et repoussant toute addition, passe à l'ordre du jour.

M. Dalbiez proposa l'adjonction du mot « royalistes » après le mot « menées ». Le président du Conseil était pressé par de nombreux républicains d'accepter ce texte. Craignant de se séparer de ses alliés de droite, il refusa et para le coup en demandant que fussent ajoutés « royalistes et autres ».

Sur les mots « et autres », 386 voix contre 118, parmi ces derniers les voix du Groupe sauf 4 qui votèrent pour.

Cette interpellation fut discutée dans une atmosphère de violences. M. Pugliesi-Conti injuria les socialistes et fut vertement relevé par Mayéras et Longuet.

Le 8 mars, M. Emile Constant interpellait le gouvernement sur les révélations de l'affaire Bolo ; au cours du débat, Renaudel blâma l'antagonisme des deux polices, celle de l'intérieur, celle de la guerre, et demanda qu'on mît à la raison les agents de ces deux organisations policières rivales. M. Clemenceau en profita pour se livrer à ses coutumières attaques contre le parti socialiste. Brunet Frédéric protesta en disant que l'heure n'était pas aux facéties, mais la Chambre approuva le gouvernement par 376 voix, tous les socialistes votant contre.

***

L'offensive allemande se déclancha le 21 mars ; l'invasion se rua vers Amiens et Paris de nouveau menacé ; de vastes régions furent enlevées par les troupes du kaiser. Fin mai, elles étaient sous Amiens. Reims, Villers-Cotterets, Compiègne, Montdidier, Soissons, Château-Thierry, etc., étaient occupés par l'ennemi presque sans coup férir. Le Groupe estima que le Parlement devait être renseigné, que tout au moins des explications devaient lui être fournies sur les douloureuses surprises de la Somme et du Chemin des Dames.

Cachin et Brunet posèrent la question à la tribune le 4 juin ; ils indiquèrent que dans l'angoisse patriotique de l'heure, il convenait que les Chambres soient informées de la situation, sous la forme et à l'heure choisies par le gouvernement.

M. Clemenceau aurait pu réaliser ce jour-là l'union nationale, il s'y refusa, il voulut un vote de confiance sans fournir d'explications ; il fut d'un pessimisme tel qu'il dut remanier tout son discours à l'*Officiel*. 377 députés lui renouvelèrent leur confiance, 110 la refusèrent ; parmi eux 86 socialistes, les autres en congé.

Depuis, grâce au concours américain, aux nouvelles forces anglaises entrées en ligne, à l'unité de commandement, et surtout à l'héroïsme des troupes alliées, une grande partie des régions perdues est reconquise, les fautes de mars ne se sont pas renouvelées, la menace s'est écartée pour faire place aux plus grands espoirs.

La Politique extérieure

Au cours de l'année, le Groupe n'a cessé de faire effort pour que nos gouvernants affirment une politique pure de tout germe d'impérialisme et de conquête.

Dès l'avènement de Barthou au ministère des Affaires Etrangères, le Groupe avait, par l'organe de Moutet, demandé de nouvelles précisions au gouvernement sur la politique extérieure de la France.

Quelques jours après la prise de possession du pouvoir par M. Clemenceau, Moutet avait déposé une demande d'interpellation sur « les négociations poursuivies entre les gouvernements alliés à l'insu des Parlements et récemment rendues publiques et sur les mesures qu'il paraîtrait nécessaire au gouvernement de prendre à la suite de cette publication ».

Mistral et Jean Longuet de leur côté avaient demandé à interpeller le gouvernement « sur sa politique vis-à-vis de la Russie ».

Après divers renvois au 11, puis au 20, elles vinrent cependant à la séance du 27 décembre.

Moutet dénonça les négociations secrètes et les tractations Doumergue ; il montra la fausse route suivie par notre diplomatie, continuant la politique du partage du monde au lieu de chercher à réaliser l'organisation du monde. Mistral examina la situation russe et celle créée par le refus des passeports ; il réclama pour le Parti socialiste sa liberté d'action internationale. Sembat demanda au gouvernement de ne pas abandonner l'espoir d'utiliser le concours russe.

La réponse de M. Pichon fut celle qu'on attendait d'un ministre de M. Clemenceau. Il déclara cependant que les accords secrets n'existaient plus, que les Alliés étaient prêts à examiner des propositions faites directement, mais il ne donna aucune précision sur les conditions de paix des Alliés.

L'ordre du jour socialiste était ainsi libellé :

La Chambre, persuadée que la démocratie russe restera fidèle à sa formule de paix générale sans annexions ni contribution, basée sur le droit des peuples à disposer d'eux-mêmes;

Invite le gouvernement à provoquer sans délai et dans ce sens la revision des buts de guerre contenus dans la note des alliés de janvier dernier, en réponse au président Wilson;

Demande la publication des traités secrets et déclare qu'elle ne reconnaîtra, à l'avenir, comme valables, que les engagements qui auront été ratifiés par le Parlement;

Et passe à l'ordre du jour.

La priorité fut repoussée par 378 contre 103, dont tous les socialistes.

Sur l'ordre du jour de confiance, les socialistes s'abstinrent.

A la suite de cette séance, le Groupe décida d'envoyer une délégation composée de Albert Thomas, Cachin, Hubert-Rouger, J. Longuet, P. Renaudel, Mayéras, Mistral au ministre des Affaires Etrangères pour demander les passeports nécessaires aux représentants du Parti socialiste pour aller à Pétrograd entrer en contact avec la démocratie et les socialistes russes. Reçue par M. Pichon et ensuite par M. Clemenceau, ce dernier refusa les passeports. Réuni d'urgence, le Groupe votait la déclaration suivante et mandatait Renaudel qui en donna lecture le 31 décembre au moment où les crédits revenaient du Sénat :

Le Groupe socialiste, une fois de plus, votera les crédits qui nous sont réclamés pour la défense nationale.

Mais, aux réserves que nous avons souvent formulées sur nos méthodes financières et administratives, nous sommes amenés, cette fois-ci, à en ajouter de plus graves concernant la conduite diplomatique de la guerre.

Le Groupe socialiste a la conviction que la direction imprimée à notre diplomatie par le gouvernement ne répond pas aux nécessités des heures difficiles que nous traversons.

Sans doute, M. le ministre des affaires étrangères a défini en termes souvent heureux certains traits de cette direction. Mais le silence observé par l'ensemble des gouvernements alliés sur les principes généraux essentiels à la préparation d'une paix durable nous paraît créer peu à peu un état d'infériorité morale préjudiciable à notre cause. Il peut développer chez les peuples eux-mêmes ce sentiment que les gouvernements alliés hésitent encore à exposer leur politique commune au grand jour des tribunes parlementaires.

En face des initiatives réitérées de nos adversaires, cette timidité de l'esprit qui paraît prendre sa source dans une espèce de méfiance, non seulement à l'égard de certaines forces que nous représentons dans le pays, mais encore à l'égard du pays tout entier, engendre, à notre avis, un péril moral certain.

Une preuve de cet état d'esprit vient d'être fournie, aujourd'hui même, par le refus de passeports opposé par M. le président du conseil au Parti socialiste, qui songeait à envoyer une délégation à Petrograd.

Les socialistes voulaient agir dans la mesure de leurs moyens, pour demander à la Russie révolutionnaire de ne pas conclure une paix séparée. Ils entendaient lui demander aussi de ne se faire négociatrice que pour une paix générale qui, basée sur le droit des peuples, présentera les garanties et sécurités nécesssaires après les terribles sacrifices que les peuples ont subis.

La Chambre va se séparer pour quelques jours. Nous regrettons de ne pouvoir saisir sans délai le Parlement et le pays. Nous avons tenu à dégager notre responsabilité jusqu'au moment où nous pourrons obtenir du gouvernement, dès notre plus prochaine séance et par voie d'interpellation, les précisions indispensables sur la conduite diplomatique de la guerre.

A la rentrée de janvier, Mayéras, Cachin, Albert Thomas, Renaudel, interpellèrent à nouveau le gouvernement sur sa politique diplomatique et lui demandèrent compte du refus des passeports.

Le ministre des Affaires étrangères, en guise d'argumentation, polémiqua en se servant des divergences socialistes et des aménités injurieuses de Trotsky contre le Parti socialiste français.

Mayéras avait déposé l'ordre du jour suivant :

La Chambre demande au gouvernement de s'engager résolument dans les voies de la politique démocratique : 1° de publier rapidement tous les documents diplomatiques en sa possession qui intéressent la position de la France dans la guerre et celle de ses alliés, c'est-à-dire tous traités, conventions, etc., passés avant et depuis le 4 août 1914 ; 2° d'entrer en relation avec le soviet des commissaires du peuple russe, comme avec le seul gouvernement de la République russe ; 3° de proclamer l'identité des vues du gouvernement de la République française avec celles du président Wilson sur les problèmes de la paix ; 4° de se déclarer prêt à entreprendre, aux côtés des Républiques russe et américaine, à Brest-Litovsk ou ailleurs, les pourparlers en vue de la paix générale démocratique et passe à l'ordre du jour.

Il le retira pour se rallier à un autre ordre du jour signé par le radical Deshayes et Pierre Renaudel qui disait :

La Chambre proclame son adhésion générale aux paroles de M. Lloyd George, chef du gouvernement de la Grande-Bretagne, et de M. Wilson, président de la République des Etats-Unis.

Elle invite le gouvernement français à insister pour la réunion d'une conférence interalliée diplomatique qui aurait pour mission de traduire définitivement en déclaration commune les conditions de paix durable et organisée qui font l'objet des quatorze stipulations de M. Wilson.

Le gouvernement obtint la majorite, 377 voix, 113 contre, parmi eux tous les socialistes.

Lorsque M. Clemenceau révéla par sa réponse au comte Czernin les négociations secrètes par l'intermédiaire du prince Sixte de Bourbon et le comte Revertera, le Groupe fut convoqué d'urgence le 12 avril.

Il mandata ses délégués aux Commissions des Affaires Extérieures, de l'Armée et de la Marine pour demander la communication de toutes les pièces du dossier, soit à la Chambre réunie en Comité secret, soit à la réunion plénière des trois Commissions. Le jeudi 18, ses délégués rendirent compte de l'audition du Président du Conseil devant les trois Commissions. Le dossier devant être ouvert à la Commission des Affaires Extérieures, les représentants du Groupe à cette Commission eurent pour mission de lui en rendre compte, ce qui fut fait aux séances des 30 avril, 3, 10, 14 mai. La situation créée par l'offensive allemande au Chemin des Dames et par les grèves de la région parisienne ne permit pas au Groupe de suivre la question devant la Chambre comme il en avait pris la décision.

Les Crédits de guerre

Les crédits pour le premier trimestre 1918 furent discutés les 20-21-28-29 décembre. Vincent Auriol, mandaté par le Groupe, critiqua la politique facile de l'emprunt que fut celle de trois années de guerre, années d'inaction économique et fiscale, de gouvernements sourds aux avertissements et aux appels socialistes. Il reprocha aux ministres des finances l'étroitesse de leur conception doctrinale basée sur les impôts de consommation déchaînant la hausse des cours, et sur des taxes sur la circulation de richesses gênant le développement de la vie économique. Il définit la politique socialiste : établissement de monopoles douaniers sur les denrées coloniales et de grands monopoles industriels organisant la participation de l'Etat aux bénéfices des grandes entreprises. Lebey, Bouisson, Poncet, Deguise, Mauger, Bouveri, F. Morin, Jobert, intervinrent pour : 1° protester contre les suppressions d'allocations aux familles des cultivateurs mobilisés en équipe avec des salaires insuffisants ; 2° pour que les crédits de 8 millions votés sur la proposition Pressemane soient distribués en secours aux soldats sans famille ; 3° pour réclamer la réduction du traitement des hauts dignitaires de l'armée.

Les douzièmes furent votés par 519 voix contre 4. Tous les socialistes votèrent pour sauf 3.

***

Les crédits pour le deuxième trimestre furent votés le 13 mars. Tous les membres du Groupe, sauf 4, les votèrent.

***

Les crédits provisoires pour le troisième trimestre vinrent le 25 juin. M. Clemenceau ayant prescrit l'assimilation des gendarmes aux sous-officiers, Poncet présenta un amendement tendant à la réduction du crédit afférent aux galons destinés aux pandores, son amendement fut repoussé. Laurent apporta des protestations contre la censure.

Mistral sur l'ensemble, tout en apportant le vote minoritaire aux crédits, tint à avertir le gouvernement qu'il lui serait prochainement demandé des déclarations nettes sur les derniers événements ouvriers, il lut un passage du manifeste de la C. G. T. à la suite de la visite du Comité confédéral au Palais-Bourbon. Tous les socialistes, sauf 4, votèrent les crédits.

Les jeunes Classes

Au projet de recensement et de revision de la classe 19, Deguise opposa un contre-projet disant : « Aucun appel ne sera fait tant que ne sera pas réalisée l'unité de recrutement des effectifs alliés ». Il rallia 62 voix dont 49 socialistes, 12 s'abstenant, 25 contre.

L'amendement Jobert demandant que 28 classes seulement fussent présentes sous les drapeaux obtint 80 voix, dont 50 socialistes, 4 s'abstenant, 32 contre. L'ensemble du projet fut voté par 425 voix contre 45. Les voix du Groupe se divisèrent : 41 votèrent contre le projet, 31 s'abstinrent, 11 votèrent pour.

Le projet d'incorporation vint le 29 mars, dans une heure d'angoisse en pleine ruée allemande, les journaux de la clique pangermaniste se flattaient encore une fois de trouver la France désunie ; ils comptaient sur la politique divisionniste de M. Clemenceau ; ils oubliaient de compter sur le patriotisme clairvoyant de tous les Français.

Pressemane déclara au nom des minoritaires qui avaient refusé l'incorporation des classes 16 et 17 qu'ils voteraient celle de la classe 19, non pas qu'ils renonçassent aux réserves formulées du passé sur la politique des gouvernants, mais parce que « les circonstances étaient telles qu'il paraissait nécessaire d'affirmer aussi devant l'effort de l'ennemi qui menace l'inébranlable résolution de tous les partis de tout sacrifier pour assurer le salut de la Nation ».

Tous les membres du Groupe votèrent l'incorporation, sauf 5, qui votèrent contre.

Le 20 juillet, le ministre de la Guerre déposait soudainement un projet de recensement et de revision de la classe 20, il en brusquait l'examen à la Commission de l'armée qui rapportait précipitamment devant la Chambre le 31 juillet.

Deguise intervint pour dire la surprise causée dans le pays et indiquer que ce projet signifiait que le gouvernement avait l'intention d'appeler la classe 20 avant la fin de l'hiver, 6 mois avant l'appel des classes précédentes. Le gouvernement ne s'en cacha point. Renaudel déclara que, décidés à consentir tous les sacrifices à la défense nationale, les socialistes voulaient avoir l'assurance qu'ils étaient nécessaires et demanda, avant de se prononcer, des explications sur la situation des effectifs afin de savoir s'il était indispensable d'incorporer 2 classes dans l'année.

Les explications du gouvernement furent brèves : Question de confiance.

Doizy fit entendre une vigoureuse protestation au nom de la Commission d'hygiène qu'on avait négligé de consulter. Betoulle insista sur le peu de résistance de ces jeunes recrues, vu leur âge et les privations subies depuis 4 ans.

La proposition Jobert de renvoyer à la Commission d'hygiène fut repoussée par 294 voix. 155 seulement votèrent le renvoi, parmi eux tous les socialistes.

Des résistances se produisirent de divers côtés de la Chambre, la question du renvoi des vieilles classes soulevée recueillit près de 200 suffrages, tous les amendements furent disjoints, la question de confiance étant posée à jet continu.

L'ensemble fut voté par 325 contre 47.

42 socialistes votèrent contre, 39 s'abstinrent, 12 en congé.

Le Pécule et les Soldes

Dans le cahier des crédits additionnels discutés par la Chambre les 21-22 mars, un crédit de 180 millions était prévu pour le relèvement de la solde de l'armée.

Voilin protesta contre l'économie imposée par le carnet de pécule, économie qui ne devait être que facultative, le soldat ayant le droit de disposer librement de sa solde comme des sous-officiers et les officiers.

Le renvoi à la Commission de l'armée pour étude demandé par Rognon, observant très judicieusement que la Commission du Budget n'aurait pas dû s'approprier le droit d'étudier seule la question, fut repoussé par 348 voix contre 142. Par 336 contre 180, la Chambre fit le même sort au contre-projet Jobert réclamant 2 fr. par jour de solde, 5 fr. pour les troupes engagées, et une seule ration de vivres aux chefs. Même résultat pour l'amendement Voilin demandant que le prêt soit intégralement versé.

Levasseur et Rognon ne purent faire admettre la compagne des soldats au bénéfice du pécule versé aux familles.

Pressemane réclama la rétroactivité pour le versement du pécule, le renvoi à la Commission fut repoussé. Mauger réclama l'indemnité de 1.000 francs aux familles de soldats morts pour la France. La Chambre adopta la rétroactivité pour celles des soldats morts de blessures ou disparus. L'amendement Bedouce accordant 1 fr. 50 par jour aux prisonniers fut disjoint par 243 voix contre 214.

Jobert fit néanmoins adopter la sage mesure empêchant toute retenue par mesure disciplinaire.

Le haut commandement ayant demandé au gouvernement de prier le Parlement de revenir sur cette décision, M. Clemenceau, sans autre forme de procès, prit d'autorité un décret décidant que les retenues pour mesures disciplinaires seraient continuées. Jobert interpella le 17 juillet sur cet abus de pouvoir du gouvernement violant la loi.

Voilin et E. Lafont protestèrent vigoureusement et réclamèrent le respect de la loi.

Le sous-secrétaire d'Etat à la Guerre dut reconnaître la faute et promettre que tant que le Parlement n'aurait pas modifié la loi elle resterait la loi. L'ordre du jour pur et simple fut voté.

Les Permissions

Le 1er février, Deguise interpella sur l'attribution incohérente des permissions à l'armée d'Orient. Ses suggestions acceptées par le sous-secrétaire d'Etat, la Chambre vota l'ordre du jour suivant déposé par Deguise :

La Chambre, convaincue que l'octroi de permissions selon des règles équitables est un des éléments essentiels du moral de l'armée et du pays, enregistre les progrès réalisés en ce sens et estimant qu'il est encore possible d'améliorer l'état de choses actuel en ce qui concerne notamment la relève de l'armée d'Orient, le régime des allocations aux permissionnaires et la double destination, confiante dans le gouvernement pour réaliser ces améliorations en plein accord avec les commissions compétentes du Parlement, passe à l'ordre du jour.

La Relève

Le 1er février, Lauche et Voilin interpellèrent le ministre de l'Armement au sujet de l'application de la loi Mourier et de la relève des jeunes classes dans les usines de guerre. Ils signalèrent la résistance des chefs aux ordres de renvoi des hommes des vieilles classes, professionnels qualifiés retenus dans la zone des armées et les inégalités de la relève des jeunes ouvriers. Promesses du Ministre.

De nombreuses délégations se rendirent à diverses reprises auprès du ministre de l'Armement pour lui signaler des faits ou faire entendre d'utiles protestations.

Prisonniers de guerre

Deguise et Durre interpellèrent en janvier sur le rapatriement des prisonniers de guerre et posèrent depuis diverses questions aux ministres.

Conseils de guerre

Le 18 octobre, la Chambre adopta un projet de loi aux termes duquel les Conseils de guerre maritimes comprennent des marins parmi les juges. La Commission de législation civile proposa le même texte pour l'armée de terre, qui fut voté par 260 voix contre 224. Bracke essaya de faire voter l'amendement suivant qui fut disjoint :

A. — Tous les conseils et tribunaux chargés d'exercer la juridiction militaire à tous les degrés devront comprendre, dans la proportion respective d'un tiers, des officiers, des sous-officiers et des soldats, quel que soit le grade du prévenu.

B. — Ces jurés seront tirés au sort sur des listes dressées tous les six mois dans chacune des unités militaires, les soldats, caporaux, sous-officiers et officiers étant appelés à désigner respectivement par un vote les représentants de leur grade.

C. — Aucun militaire ne pourra être mis en jugement devant un tribunal militaire où siégerait un militaire soit de même grade faisant partie de la même unité que lui, soit de grade différent qui ait été ou qui soit sous ses ordres.

Les Pensions

La législation de 1831 sur les pensions est devenue caduque. Faite pour une armée de métier, elle ne correspond plus aux besoins modernes de l'armée nationale. Le nouveau projet vint en délibération devant la Chambre aux séances des 22, 23, 27, 30 novembre, 4, 5, 6, 11, 12, 18, 19, 26, 27 décembre 1915.

L'ensemble fut voté le 5 février 1918.

Au sein de la Commission, les représentants du Groupe avaient fait les plus louables efforts pour améliorer le projet qui vint, en effet, sensiblement modifié devant la Chambre. Goude, Rognon, Ernest Lafont, Betoulle, Valière, Cadot, Moutet, Pressemane, Jean Bon, Jobert, Morin défendirent de nombreux amendements qui tendaient à relever le taux minimum, à faire bénéficier davantage les mutilés de la bonification de la pension suivant l'âge, à faire admettre le secours par réversibilité aux veuves lorsque la mort des militaires résulte des suites de la maladie cause de la pension, à effacer la différence entre la veuve d'un militaire tué au front et celle d'un militaire décédé des suites de blessures, à préciser le droit à pension dans les cas de maladies ou d'accidents survenus à l'occasion ou par le fait du service.

Bracke soutint le contre-projet du Groupe qui avait repris l'ancien projet Edouard Vaillant sur l'assurance nationale. Il obtint 100 voix presque toutes socialistes.

Les améliorations dues à l'activité des membres du Groupe sont les suivantes : Reconnaissance du droit à pension des réformés n° 2, de ceux du mutilé par l'introduction de la formule « par le fait ou à l'occasion du service » ; admission dans le tribunal départemental d'appel de la présence d'un médecin et d'un représentant des Associations de mutilés, de même que le droit pour le réclamant de se faire assister de son conseil judiciaire et d'un médecin civil ; majoration par enfant portée de 100 à 150 francs. Enfin, le taux minimum pour l'invalidité totale était de 1,200 fr. ; les propositions socialistes réclamaient 1,800 fr., puis 1,690 et 1,640 ; il fut porté à 1,500 francs.

Deux critiques peuvent être adressées à la loi. Sa base repose sur le grade et non sur l'égalité du sacrifice consenti par tous les citoyens, le taux des pensions et allocations trop faible ne constitue pas une réparation suffisante pour les victimes de la guerre ; mais ces réserves faites, la loi votée constitue un progrès réel, elle proclame les titres à la gratitude nationale des malades, des mutilés, des veuves, des orphelins et des ascendants, tient compte des charges de famille et ne distingue plus entre les familles des soldats morts pour la France, que ce soit à la suite de blessures ou de maladies.

La loi fut votée à l'unanimité.

Les Régions envahies.

Les Réfugiés, Les Evacués

Basly, Bouveri, Cadot, Deguise, Durre, Demoulin, Doizy, Goniaux, François Lefebvre, Melin, Ringuier, Voilin, Lecointe se sont particulièrement préoccupés de la question des réfugiés.

Les 7 et 14 décembre, interpellation au gouvernement close par le vote de l'ordre du jour Basly.

Le 19 mars, au moment du recul des armées françaises, Deguise demanda à interpeller sur les conditions d'évacuation ; le renvoi fut ordonné par la Chambre.

Le 22 mars, Ringuier questionne le ministre de l'Intérieur et obtient une réponse favorable sur le paiement du rappel intégral des allocations aux réfugiés.

Le 10 mai, Deguise fait voter une résolution invitant le gouvernement à accorder des avances pour la reconstitution du mobilier et des objets les plus indispensables aux populations évacuées.

Ravitaillement

Le 9 novembre, Navarre, Lauche, Compère-Morel, E. Lafont, Voilin, signalèrent avec force la crise économique et les mesures d'extrême urgence que le gouvernement devrait prendre pour y remédier.

Compère-Morel indiqua une fois de plus les solutions préconisées depuis le début de la guerre par le Parti socialiste : Recensement de tous les produits, réquisition des terres abandonnées mises en culture sous le contrôle de la nation, répartition équitable des produits.

L'ordre du jour suivant fut déposé par le Groupe :

La Chambre invite le gouvernement à pratiquer immédiatement la réquisition générale des céréales, ainsi que de tous les produits jugés indispensables à la consommation et à organiser la production méthodique et obligatoire du blé avec le concours et sous le contrôle de l'Etat.

Le débat, renvoyé à une séance ultérieure, ne revint pas en discussion.

Le 28 janvier, l'établissement de la carte de pain amena Voilin, Lauche, Jobert, Moutet, à interpeller le ministre du Ravitaillement. Durre, Rognon, Cachin, Brunet, intervinrent dans le débat. L'ordre du jour suivant fut déposé par Voilin :

La Chambre, prenant acte des déclarations du gouvernement, l'invite à prendre immédiatement toutes les mesures nécessaires pour réglementer, dans l'ensemble du pays, la consommation du pain par l'institution d'une carte obligatoire afin de ne rationner la population que dans la stricte mesure indispensable et de tenir compte des besoins de consommation et des ressources de chacun.

81 socialistes votèrent cet ordre du jour, 11 s'abstinrent.

Le même jour, Barthe interpella sur le retard apporté à la livraison des semences aux agriculteurs, la mauvaise répartition des avoines et le retard mis au ravitaillement des produits anticryptogamiques. Son ordre du jour fut accepté.

Compère-Morel et Locquin avaient déposé des propositions de loi pour la mise en culture des terres abandonnées et l'intensification des céréales panifiables qui vinrent en discussion les 21, 26 et 28 février. Tous les organes de conservation sociale avaient mené une vive campagne contre ces propositions subversives, à la Chambre elles furent vivement combattues par les représentants de la féodalité terrienne. Tous les moyens dilatoires furent opposés, demande de remise de la discussion, de renvoi à la Commission, etc. La Commission, par l'organe de Compère-Morel, rapporteur, entraîna d'abord la Chambre, mais de précieux auxilliaires vinrent à la rescousse de l'opposition, en la personne de quelques radicaux défendant l'intérêt mal compris de la petite culture.

Le projet faisait obligation aux agriculteurs, propriétaires de terres à céréales, d'ensemencer une partie en grains panifiables ; des sanctions étaient prévues, réquisitions et amendes, des encouragements étaient accordés aux cultivateurs de bonne volonté.

Un amendement qui, sous prétexte d'exempter de l'obligation les petits propriétaires, mettait en dehors de la loi la grosse propriété, fut voté par 245 voix contre 206, malgré les efforts de tous les élus socialistes. Compère-Morel donna sa démission de rapporteur et le projet fut retiré de l'ordre du jour.

Sur invitation de la Commission de l'agriculture, trois nouveaux projets furent déposés par le Ministre.

L'un, créant des facilités de reprise de la culture des parcelles abandonnées, par les Comités communaux d'action agricole, par la remise, soit aux agriculteurs de bonne volonté, soit aux Syndicats ou Coopératives, leur accordant des avances remboursables sans intérêts, des semences, des engrais et une priorité pour la main-d'œuvre d'Etat. Le deuxième tendant à encourager la culture mécanique, l'Etat se procurant le matériel roulant, les outils, machines, qu'il cède à l'amiable aux départements, aux communes, aux associations ou aux entrepreneurs de culture.

Rapportés par Compère-Morel au nom de la Commission de l'agriculture ils furent votés par la Chambre le 29 mars.

Quant au troisième organisant : la réquisition civile de la main-d'œuvre agricole, combattu à la Commission par les élus socialistes, il n'a pas vu le jour.

Les 10 et 14 mai, lors du décret instaurant les 3 jours sans viande, E. Lafont interpella. Il indiqua que la réquisition générale et la taxation pouvaient seules mettre un terme au renchérissement des prix ; l'ordre du jour suivant fut déposé par le Groupe socialiste :

La Chambre, persuadée qu'il est possible d'assurer une meilleure utilisation du cheptel national, et qu'il importe de n'imposer à la population, déjà très rationnée dans sa consommation de pain, que les restrictions indispensables en ce qui concerne la viande, compte sur le ministre du ravitaillement pour employer des méthodes d'économies efficaces et qui ne risquent pas de créer des inégalités choquantes entre les citoyens, et à instituer notamment une carte de viande, de préférence sous la forme monétaire.

Compte également sur lui pour prendre sans hésitation toutes mesures pour enrayer la hausse de la viande, pour taxer le produit depuis son origine.

La Chambre préféra voter un ordre du jour de confiance au gouvernement. Quelques jours après, au cours de la discussion de la proposition Boret tendant à la création d'une Commission de contrôle de la répartition et de la consommation des essences, Barthe, Mauger, Reboul firent voter la motion suivante :

La Chambre invite en outre le gouvernement à faire procéder à des expériences pour l'emploi comme carburant des produits nationaux et présenter, dans le plus bref délai, un rapport sur les résultats obtenus.

A noter : l'adoption par la Chambre d'une proposition de résolution Barthe concernant la meilleure utilisation par l'autorité militaire des chevaux et leur emploi à l'agriculture, les interventions de Barthe dans la discussion du projet concernant l'Office central des produits chimiques, indiquant à la Chambre la voie où il fallait s'engager si on voulait éviter les accaparements étrangers de matières utiles à l'agriculture.

Le 19 juillet, Barthe interpellait sur le

meilleur moyen d'assurer les transports des denrées alimentaires et obtenait des promesses du ministre du Ravitaillement.

Le Budget

Pour la première fois depuis la guerre, le ministre des Finances déposa un projet de budget pour les services civils ; il fut discuté au cours des séances des 27 et 28 février, 1, 5, 6, 7, 12 mars ; les membres du Groupe intervinrent pour présenter diverses observations, mais leur intervention porta surtout sur la loi de finances qui fut discutée les 29, 30 mars, les 4 et 5 avril.

Vincent Auriol, rapporteur de la Commission législative fiscale pour l'impôt sur le revenu ; Ernest Lafont, rapporteur pour les fraudes fiscales, soutinrent les textes de la Commission qu'ils firent adopter ; Parvy signala l'abus de certaines Compagnies de chemins de fer véhiculant les bagages aux tarifs de G. V. Bretin obtint une réduction du tarif de l'impôt sur le sucre, diminué de 25 à 15 %. Mauger, Paul Constans, Bouveri demandèrent le relèvement des mensualités d'assistance aux vieillards.

Varenne avait demandé au vote des crédits provisoires, des crédits pour la création d'une bibliothèque spéciale de toutes les publications relatives à la guerre ; Mauger, un relèvement de crédits pour trousseaux et livres aux boursiers des écoles normales ; Cabrol, un amendement soumettant à l'impôt sur les spécialités pharmaceutiques les produits préconisés par voie d'annonces ou de réclames.

Sixte Quenin avait repris un amendement une fois déjà voté par la Chambre pour obliger les Compagnies à payer une retraite à ceux de leurs employés réquisitionnés depuis la guerre. Sa proposition fut repoussée.

Jean Bon fit voter un amendement modifiant le tarif progressif sur les successions et l'amendement Brizon tendant à exonérer les petites successions fut repoussé.

Auriol, Bedouce, Lafont, Breton, essayèrent en vain de faire voter la suppression des impôts sur les paiements et les dépenses. Valette fit voter un amendement supprimant l'impôt sur les transactions dans les foires et marchés.

Le contre-projet du Groupe, défendu par Auriol, tendant à substituer à l'impôt sur les dépenses un projet instituant le monopole des cafés, thés, sucre d'importation, pétrole, etc., n'obtint que les voix du Groupe socialiste. Le budget, retour du Sénat le 27, fut voté par tous les membres du Groupe, à l'exception de 4.

Emprunt

Sur l'emprunt voté le 25 octobre 1917, Barthe présenta de judicieuses observations, et Sembat formula les réserves du Groupe sur le type de l'emprunt, tout en apportant son adhésion au vote du projet.

***

Le 27 novembre, sur rapport Mauger, la Chambre adopta le projet affectant les rentes nouvelles aux mêmes placements que les rentes 3 et 5 %, en ce qui concerne les entreprises d'assurances de toute nature de capitalisation et d'épargne.

Loyers

La loi sur les loyers, retour du Sénat, vint en nouvelle délibération. Les propriétaires et le gouvernement ne cachaient point leur désir d'en finir. Les 19, 20, 21 février, la Chambre fut saisie d'amendements socialistes. Reprenant les textes supprimés au Sénat et primitivement votés par la Chambre, Levasseur lutta inlassablement et fit, au nom du Groupe, la déclaration suivante :

Nous voterons contre l'ensemble de la loi dont nous venons de terminer la discussion.

On a maintenu, malgré notre opposition raisonnée, des dispositions dangereuses pour la paix publique.

Les plus importantes et les plus graves en même temps sont contenues dans les articles qui lient étroitement, d'une part, les commissions arbitrales et qui, d'autre part, leur donnent un pouvoir d'appréciation trop étendu.

Le maintien des mots « à titre exceptionnel » dans l'article 13 fait craindre que la Chambre n'ait par avance considérablement restreint l'application du principe fondamental de la loi concernant les exonérations et réductions, au moment même où elle en inscrivait la formule.

Comme nous le disions lors de la précédente discussion, nous ne sommes pas sans inquiétudes sur le fonctionnement d'une juridiction arbitrale où le magistrat de carrière qui présidera absorbera en réalité tous les pouvoirs des jurés, puisqu'il sera tour à tour juge conciliateur, juge départiteur, c'est-à-dire juge unique.

Le milliard des propriétaires, inscrit au titre d'indemnités dans la loi, nous semble d'une flagrante injustice, puisque la Chambre ne consent pas à la réparation des dommages causés à tous les citoyens.

En réalité, les mesures qu'on a fini par admettre à la Chambre, de guerre lasse, font tort à beaucoup de propriétaires petits et moyens, mais consolident, entre les mains des gros propriétaires, la totalité des termes qu'ils ont su se faire payer.

Nous nous élevons avec la dernière énergie contre l'indemnité servie par l'État aux propriétaires dont le principe seul aurait entraîné notre vote contre la loi.

Nous avons d'autant plus le droit de le faire que, d'accord avec la ligue de défense des petits propriétaires de Paris et de la province elle-même, nous avions proposé un système de péréquation des pertes entre tous les propriétaires qui ne frustrerait et n'avantagerait personne.

D'autres raisons encore pourraient être apportées pour justifier notre attitude dont le pays jugera la parfaite logique.

Il dira avec nous qu'après notre grand effort de conciliation, resté infructueux, la Chambre n'aurait pas dû rester insensible à nos solutions d'équité et de justice.

Il comprendra aussi qu'il nous est impossible de prendre la responsabilité d'une loi qui nous apparaît dangereuse par les germes de division qu'elle contient et qui n'apporte d'ailleurs aucune solution véritable du grave problème qui reste posé devant nous.

356 voix votèrent l'ensemble ; 104 contre : parmi ces derniers, 79 socialistes ; 4 abstenus, 10 en congé.

La loi étant applicable au 1er juillet 1918, le régime des moratoires avait pris fin le 1er avril.

Il semblait qu'en attendant, aucune action ne pouvait être engagée contre les locataires. Cela, c'est la logique. Mais comme elle n'est pas du goût des propriétaires, il en est autrement et les tribunaux autorisent les saisies-gageries. Le 16 mai, Levasseur, soutenant sa proposition de résolution, démontra que cette procédure s'était instaurée en violation de la loi. Le garde des sceaux fut d'un avis tout opposé, sous prétexte qu'il ne s'agissait que de mesures conservatoires, la loi n'interdisant que les mesures d'exécution. La discussion immédiate, repoussée par le ministre, fut repoussée aussi par la Chambre avec 325 voix contre 125.

Laval et E. Lafont essayèrent de faire comprendre à la Chambre l'erreur du gouvernement, l'intérêt qu'il y a pour la tranquillité publique à ce que les lois de guerre ne soient pas dirigées contre les mobilisés ; ils déposèrent une demande d'interpellation à laquelle la Chambre fit un sort en la renvoyant à la suite par 347 voix contre 123.

Sur l'annonce d'une nouvelle intervention de Levasseur, le ministre déposa un projet autorisant le gouvernement à proroger par décret les baux venant à échéance avant le 15 octobre 1918 et modifiant les articles 44, 49, 64 de la loi du 9 mars 1916 sur les loyers. Le projet fut déposé le 2 juillet, jour où vint en discussion la proposition de résolution Levasseur sur la question ; la Chambre naturellement saisit le prétexte du dépôt du projet pour ne pas discuter la proposition de résolution. Le projet ministériel fut voté le 10 juillet. Levasseur et Jobert y soutinrent leurs amendements favorables aux travailleurs, la Chambre refusa de les suivre.

Petits Fonctionnaires. Petits Pensionnés

Goude, Locquin, Ellen Prévot, Paul Constans, Pressemane, Bedouce, Jobert, intervinrent dans la discussion du projet de loi relevant les suppléments temporaires du traitement du personnel civil et les soldes des officiers subalternes et sous-officiers à solde mensuelle. Ils avaient déjà réclamé à plusieurs reprises l'augmentation du taux et le bénéfice pour tous les petits pensionnés.

L'amendement Pressemane, mettant à la charge de l'Etat 50 010 des dépenses résultant pour les budgets départementaux des suppléments de traitements consentis par les Conseils généraux, fut disjoint par 325 voix contre 147. Un amendement socialiste Lauche, indiquant que les suppléments votés ne seraient pas soumis aux effets des saisies-arrêts, fut adopté.

Enfin, le 25 mars, la Chambre adopta la proposition.

Dans sa séance du 25 mars, la Chambre adopta la proposition de loi Locquin ayant pour objet d'étendre à toutes les veuves et à tous les orphelins de fonctionnaires civils, agents, sous-agents et ouvriers de l'Etat décédés sous les drapeaux, le bénéfice des suppléments temporaires de traitement pour cherté de vie et charges de famille.

La Renaissance économique

Valière avait fait nommer par la Chambre une commission pour étudier la réorganisation économique de la France. Il prononça, le 15 mars, un substantiel discours sur le sujet en interpellant le gouvernement. Il rappela les efforts des élus socialistes, jetant, dès 1916, leur cri d'alarme ; les interventions de Bedouce, préconisant le rationnement ; de Compère-Morel, demandant la mise en culture des terres abandonnées ; de Bouisson, réclamant une flotte marchande d'Etat ; de Mistral, demandant la réquisition des usines ; d'Auriol et de Lafont, dénonçant le péril de l'imprévoyance financière des gouvernants; en un mot, toutes les mesures d'organisation de la production nationale et de la répartition défendues par le Parti socialiste. Valière demanda à la Chambre de préparer dès maintenant les mesures susceptibles de favoriser la renaissance économique et la prospérité du pays.

Le ministre du Commerce fit en réponse preuve de la plus grande bonne volonté ; si les bonnes intentions suffisaient, il n'est pas douteux que s'aplaniraient facilement les difficultés.

Le renouvellement du Privilège de la Banque de France

Le privilège de la Banque de France expirera le 31 décembre 1921. Les réactionnaires qui dénient à la Chambre périmée toute velléité de réforme ou de contrôle sérieux trouvent que la même Chambre a toute qualité pour prolonger les privilèges du capitalisme financier. M. Klotz est de leur avis, aussi s'empressa-t-il de déposer un projet de renouvellement du privilège de battre monnaie accordé à la Banque. Il en poussa diligemment l'étude devant les Commissions et la Chambre en fut saisie le 16 mai. Jean Bon, Ed. Barthe, Bedouce, menèrent le bon combat au nom du Groupe. Ils opposèrent d'abord la question préalable qu'ils justifièrent en démontrant la nécessité d'étendre le débat à l'étude complète du problème bancaire ; 361 voix repoussèrent la question préalable que seuls 111 députés votèrent, parmi eux toutes les voix du Parti.

L'opposition du Groupe prolongea le débat qui se poursuivit les 17, 23, 24, 28, 30 mai, 6, 18, 20 juin, 9, 11, 12, 16, 18, 23, 24, 25, 26, 30 juillet. Mais les socialistes furent seuls à soutenir la discussion. En vain pressèrent-ils le ministre des finances de questions auxquelles il ne put répondre, en vain firent-ils des révélations gênantes pour les défenseurs du privilège, en vain démontrèrent-ils que c'était abandonner aux mains de quelques riches actionnaires l'avenir du pays, rien n'y fit ; à toutes leurs démonstrations, à tous leurs arguments, le ministre opposait la question de confiance et une majorité variant de 320 à 360 voix suivait docilement, tandis que l'opposition, composée de tous les socialistes et de quelques radicaux, groupait de 110 à 150 voix.

Devant l'indifférence du Parti républicain, devant une Chambre absente, le Groupe déposa sur l'ensemble une demande de scrutin public avec appel nominal. A la tribune, les députés mandés par les Préfets accoururent et l'ensemble fut voté par 231 voix — contre 72. — Tous les socialistes présents votèrent contre. Vincent Auriol lut avant le vote la déclaration suivante :

Le Groupe socialiste refuse sa signature à cette convention.

Il demeure fidèle à la démocratie. Il reste passionnément attaché au vieux programme républicain. Il veut, avec les masses ouvrières, le libre développement économique du pays. C'est pourquoi il se refuse à livrer pour un quart de siècle, à une oligarchie financière, le crédit, la prospérité, l'avenir de la patrie.

Déjà les transports sont entre les mains de compagnies toutes-puissantes : un vote récent a consolidé ce monopole privé.

Aujourd'hui, c'est le mouvement subtil de la richesse, c'est l'organe essentiel de l'activité économique, c'est la garantie de la prospérité publique que l'on abandonne, une fois de plus, « à ce gouvernement financier » qui est la société de la Banque de France, et qui comprend uniquement tout ce que la noblesse de l'armorial et la noblesse de la finance comptent de noms éclatants et de privilèges monstrueux.

Contre de telles spoliations, nous dressons la protestation de nos consciences.

Nous faisons toujours nôtres les déclarations, jusqu'à ce jour répétées, en commun accord, par le Parti républicain radical et par le Parti socialiste.

Nous nous rappelons l'avertissement solennel de Camille Pelletan, en 1892 comme en 1897, lorsqu'il s'écriait : « Bien légers, ceux qui laisseront tomber dans l'urne un bulletin qui liera leur pays pendant vingt-huit ans ».

Nous évoquons, avec lui, toutes les transformations, tous les bouleversements, tous les mouvements formidables que ce siècle peut enregistrer. Et avec lui, nous disons ces paroles magnifiques qu'il prononça au nom de son groupe :

« Ces questions, résolvez-les pour l'heure dont vous disposez, suivant vos lumières, suivant vos consciences. Mais pour vingt-huit ans ! en liant d'avance les enfants qui naissent à l'heure où je parle, qui donc sommes-nous pour cela ? Hôtes passagers d'un monde en travail de révolution économique cherchant à tâtons dans une nuit profonde, à la lueur d'une science économique bien incertaine, les symptômes douteux qui nous permettent à peine d'entrevoir ce que sera le lendemain, saisis, déconcertés, à chaque instant, par la surprise de l'imprévu... Quoi, nous livrerions à une poignée de financiers toutes les redoutables inconnues dont sera fait l'avenir de la France ? Et le jour où se poserait peut-être une question capitale pour sa fortune économique, nous l'exposerions à s'entendre dire : « Voilà votre charte ! Vous l'avez signée ! Vous n'êtes plus les maîtres du crédit : exécutez-vous ! »

Faudrait-il nous plaindre ou nous accabler si nous rendions à si bas prix l'avenir économique du pays ?

Ce magnifique appel de l'illustre démocrate, les républicains ne peuvent pas ne pas l'entendre. Ils ne peuvent pas renier la grande sagesse et la noble espérance de la démocratie républicaine. Ils ne peuvent pas livrer à la réaction financière et sociale le gouvernement économique du pays.

Plus que jamais, la guerre, véritable ré-

volution humaine, bouleversant les rapports sociaux des hommes et les relations économiques des peuples, nous inspire l'obligation de ne pas vendre l'avenir.

Plus que jamais nous ignorons ce que sera demain. Ce que nous savons, pourtant, c'est que le salut de notre pays sera dans un immense effort de production.

Produire, produire, et toujours produire, telle est la solution des problèmes financiers, budgétaires, économiques et sociaux qui vont surgir, pressants et redoutables, des ruines de cette guerre. Or, l'œuvre de production, d'organisation; de développement économique ne sera possible qu'avec des moyens nouveaux, des formules modernes, des conceptions audacieuses.

Et c'est dans ces conditions, c'est à l'heure même où vous devriez dresser le vaste et salutaire programme d'effort et de fécondité que, sans cesse, nous sollicitons de votre clairvoyance, c'est à cette heure que vous reprenez la chaîne des traditions surannées, la politique des concessions, des abandons au profit de groupes financiers, la politique à vues courtes et à production limitée, celle qui, justement flétrie du nom de malthusianisme économique, nous a amenés aux pires difficultés, et qui a pour double fondement, au vingtième siècle, le régime des transports de 1883 et le régime bancaire du premier Bonaparte !

Et c'est pendant vingt-cinq ans que l'on nous demande de livrer la France à ces vieilles formules dont les gouvernements conservateurs de l'Europe se sont eux-mêmes depuis longtemps libérés !

C'est pendant vingt-cinq ans qu'on rive la patrie à la lourde chaîne de réaction économique et aux intérêts égoïstes de privilèges particuliers !

Bien mieux, dans la convention qu'on nous demande de contresigner, on a même supprimé, par le rejet de la clause résolutoire, l'espérance de libération contenue dans les conventions antérieures. Ce que, depuis 1840 jusqu'à ce jour, les Assemblées n'avaient jamais voulu faire, ce que même les élus censitaires de Louis-Philippe et les élus de la candidature officielle de 1857 n'avaient pas osé approuver, le gouvernement l'a obtenu, cette fois, d'une majorité d'absents et a renoncé à la traditionnelle faculté de dénonciation du contrat.

Aussi, les générations qui montent, si, demain, le progrès bouscule les méthodes et les préjugés, se trouveront contraintes au respect funeste d'une convention désuète ou acculées aux violences légales contre cette loi.

Et quelle est, messieurs, la rançon de la servitude que le gouvernement impose à nos successeurs ? La convention accorde-t-elle au pays des avantages essentiels ?

Pour la liquidation du passé, que constatons-nous ? La Banque soustraite arbitrairement à la loi qui atteint les bénéfices de guerre et cela, en échange d'un maigre secours d'ailleurs consacré à l'amortissement de ce risque, la Banque faisant payer à l'Etat, écrasé sous le poids des sacrifices, l'intérêt du propre crédit de la nation et recevant ainsi, sur le seul prêt de billets soutenus par la France, 464 millions d'intérêts ! les actionnaires augmentant leurs dividendes de 34 millions, soit de 33 %, et mettant prudemment en réserve, comme en 1870, les 400 millions supplémentaires de bénéfices nets réalisés pendant la guerre en sus des bénéfices normaux ; l'Etat, enfin, chargé de payer entièrement, sur les intérêts indûment exigés de lui, les risques des effets moratoriés dont la Banque a perçu pourtant les intérêts et en même temps de couvrir les risques de 500 millions de créances russes, aux lieu et place de 75 banques dont le pays ne connaît ni le nom ni l'attitude, ni les opérations souvent néfastes sur lesquelles on ne veut même pas le contrôle.

Voilà ce qu'on nous propose de ratifier pour le passé.

Les solutions envisagées pour l'avenir se ressentent des mêmes défaillances.

Le Parti socialiste a tenté les plus grands efforts. Ses efforts ont été vains.

Malgré nous, la convention maintient la confusion créée entre le billet de France et le billet de Banque, et cette équivoque, qui fait de l'Etat le débiteur de la nation, est confirmée au seul profit de l'institut d'émission et garantit à ce dernier, sous forme d'intérêts de ses prétendues avances, une part de redevances minimum de 120 millions prélevés sur le budget national.

Mais si ses bénéfices vont aussi s'accroître, le contrat diminue en échange les redevances imposées à la Banque, par les conventions antérieures, au profit de grands organismes d'intérêt pubic : crédit agricole, sociétés d'habitation à bon marché, etc., au moment où leurs besoins en capitaux ou en crédit vont s'accroître dans des proportions exceptionnelles.

Et, par une suprême habileté dont nous avons dénoncé les conséquences détestables, la Banque, malgré ses profits exceptionnels, a obtenu du gouvernement et de la Chambre l'engagement que les intérêts des actionnaires primeraient les intérêts du pays, puisque toutes les charges nouvelles que le salut de la nation nous obligera à imposer, demain, aux contribuables, seraient compensées avec les charges actuelles de la Banque.

En présence de telles concessions que pèse, messieurs, la conquête du super-dividende, dont nous sommes heureux d'avoir, avec d'autres groupes de cette Assemblée, *obtenu l'inscription dans la convention, mais qui ne jouera qu'au delà du dividende exceptionnel de guerre, alors qu'il aurait dû jouer au delà du dividende normal des dernières années de paix ?*

Ainsi, malgré ses manifestations oratoires tendant à assurer le crédit du billet de banque, dont la valeur pourtant importe à l'avenir économique du pays, le gouvernement n'a fait pour cet objet aucun effort réel ; la véritable solidité du billet dépend, en effet, uniquement, de la prospérité économique du pays : or, la convention, soumise à notre ratification, n'a rien prévu pour assurer et développer cette prospérité : elle ne contient aucune disposition tendant à la suppression rapide du cours forcé et à l'organisation rationnelle du crédit.

Messieurs, nos critiques et nos solutions, nous les avons exposées dans nos amendements. Jouant avec ténacité du scrutin public qui triomphe aisément des démonstrations les plus concluantes, le gouvernement et la commission ont eu raison de nos efforts.

Nous le regrettons pour notre pays. Nous connaissons, comme le disait déjà en 1892 le Groupe socialiste, nous connaissons les exigences du progrès et ses brutalités parfois impitoyables.

Nous savons ce que devant lui pèsent les intérêts égoïstes et les conventions impies. Nous voulions aplanir les voies, faciliter sa marche, éviter les convulsions possibles de demain. Mais il est des hommes qui n'ont rien appris ni rien oublié.

Ils s'obstinent dans les erreurs passées, au moment même où les sacrifices de la foule des déshérités sont le germe sacré de nouvelles revendications de justice.

Aussi nous proclamons dès aujourd'hui, pour nos successeurs immédiats ou lointains, le droit de disposer librement de leurs efforts. En refusant notre signature à votre projet qui sacrifie l'intérêt national et compromet l'avenir, nous déclarons réserver expressément aux législateurs de demain leur droit absolu de méconnaître ou de reviser dans le plein exercice de leur souveraineté une convention qui, dans l'inconnu d'aujourd'hui et dans des heures tragiques, livre pour un quart de siècle à un groupe financier le crédit et la vie même de la patrie.

Les Coupons russes

Le 21 janvier, M. Klotz demande à la Chambre de lui accorder les crédits nécessaires au paiement des coupons russes. 408 millions étaient réclamés. Barthe en profita pour demander quelle était la part des banques interposées, sans obtenir de réponse, et Moutet rappela les courtages des banques au moment des emprunts du tsarisme et les mises en garde des socialistes de l'époque. Les socialistes refusèrent de voter ces crédits.

Tarifs de Chemins de fer

Le projet de relèvement des tarifs des chemins de fer que l'opposition du Groupe avait précédemment fait renvoyer, vint devant la Chambre aux séances des 26, 27 et 28 mars.

Bedouce, Barabant, Barthe, Théo Bretin, J. Bon, Bouveri, Auriol, Durre, E. Lafont, Jobert, Poncet, de la Porte, Paul Constans, Mayéras, Manger, Voilin défendirent pied à pied les points de vue du Groupe et essayèrent d'arracher aux Compagnies les bénéfices qu'elles entendent prélever sur le public et les nouveaux avantages qu'elles prétendent se faire concéder.

Ils fustigèrent la presse dont les campagnes sont grassement payées par le budget de publicité des Compagnies, démontrèrent que le projet du gouvernement renforçait, consolidait la situation financière des Compagnies vis-à-vis de l'Etat, de telle sorte que si le rachat s'opérait, l'Etat devrait payer une deuxième fois son cadeau aux actionnaires des chemins de fer. Ils marquèrent les conséquences du relèvement des tarifs sur la cherté de la vie, contestèrent les raisons d'opportunité, soulignèrent l'absence de renseignements et de vérification de gestion, et indiquèrent que si on donnait des millions aux Compagnies, l'Etat devrait tout au moins exiger des modifications utiles au fonctionnement du trafic. Ils protestèrent aussi contre la prétendue justification des relèvements des tarifs par l'octroi des allocations de cherté de vie aux cheminots. Enfin Bedouce demanda que les ressources produites par la majoration de 25 % soient mises à la disposition de l'Etat pour la garantie d'intérêts, en attendant la solution large et définitive de la revision générale des tarifs. Ils prêchèrent dans le désert.

Le contre-projet Jobert de réquisition générale des chemins de fer fut repoussé par 348 contre 117.

Le contre-projet Bedouce (taxe de 20 0/0 sur les 2es classes et 50 0/0 sur les 1res et les excédents de bagages au profit de l'Etat) repoussé par 326 contre 139. Repoussés aussi l'amendement Bon modifiant l'échelle des tarifs et l'amendement Auriol exonérant les voyageurs n'effectuant pas un parcours de 50 kilomètres. Poncet et Voilin réclamèrent avec d'autres l'exonération pour les abonnements ouvriers ; ce fut repoussé par 288 contre 179. Il en fut de même de l'amendement Bedouce exonérant les 3es classes et de celui, de Bedouce aussi, appliquant la taxe de 25 0/0 aux Compagnies des wagons-lits. Repoussé également l'amendement Durre exonérant les voyageurs de commerce. L'amendement Bouveri demandant que le relèvement ne s'appliquât point aux billets militaires fut disjoint, mais Locquin et Manger firent voter la résolution suivante immédiatement après le vote de la loi :

La Chambre invite le gouvernement à ne rien modifier aux tarifs militaires actuellement en vigueur, comportant le quart de place aux militaires et marins voyageant isolément sur les divers réseaux.

Le Régime minier

Les 26-29 octobre, Cachin interpella sur le régime minier et demanda au gouvernement de ne point livrer les gisements de sel dans les termes de la loi périmée de 1810, de ne pas laisser prendre les richesses nationales par des oligarchies ; après avoir exposé la solution socialiste de la nationalisation, il essaya d'obtenir du gouvernement la promesse d'instaurer au moins la régie intéressée où l'Etat aurait droit de contrôle et part de bénéfice. Voici l'ordre du jour du Groupe :

La Chambre invite le gouvernement: 1° à lui soumettre dans le plus bref délai un projet sur les concessions minières pour la métropole et les colonies: 2° à faire respecter dans sa politique minière les droits souverains de la nation en n'aliénant jamais la propriété des richesses de son sous-sol, et en organisant la production en régie: 3° à n'attribuer aucune concession avant d'avoir soumis le contrat aux commissions des mines et du budget des Chambres: 4° en cas de nécessité, à amodier, pour un temps limité, à des sociétés la propriété nationale, à établir les contrats sur les principes suivants:

a) Conservation de la propriété de l'Etat par l'établissement d'un contrôle minutieux tant de l'exploitation technique et commerciale que de la gestion financière:

b) Large participation aux bénéfices:

c) Salaires du personnel fixés par des commissions où les ouvriers seront représentés:

d) Admission des travailleurs dans les conseils d'administration et de direction de la mine;

5° A procéder à une réorganisation du conseil général des mines en y faisant rentrer des représentants de l'industrie minière, des ouvriers mineurs et des consommateurs, et passe à l'ordre du jour.

La Chambre préféra voter un ordre du jour Perrier affirmant les « droits supérieurs de la nation ».

Les Alcools

Barthe avait déposé un projet de loi créant le monopole industriel de l'alcool, dont la discussion commença le 13 mars et se poursuivit les 14 mars, 26 mars, 30 avril, 2 mai.

Varenne, en qualité de président de la Commission de législation fiscale qui a étudié le projet ; Barthe, rapporteur de la Commission de l'agriculture et Hubert-Rouger, rapporteur de la Commission des boissons, intervinrent dans la discussion, le premier pour inviter la Chambre à ratifier l'œuvre sortie de la collaboration des Commissions; le deuxième, pour exposer les avantages du projet en faveur de l'agriculture nationale ; le troisième pour exposer le problème de l'authentification des produits naturels. E. Lafont soutint le point de vue des ligues antialcooliques. Bretin et Lauche firent introduire des améliorations dans les textes. La suite du débat fut renvoyée.

Les Grèves

A la suite du renvoi aux armées du délégué ouvrier Andrieux, les métallurgistes de la Loire se mirent en grève au nombre de plus de 80.000. M. Clemenceau employa utilement la méthode Malvy. Il usa sagement de la conciliation, fit appel à la Fédération des métaux qui exerça son influence pondératrice : l'ouvrier Andrieux fut renvoyé à l'usine et les ouvriers rentrèrent au travail.

Le lundi 13 mai une grève spontanée éclatait dans les usines métallurgiques de la région parisienne en dehors de l'action des organisations ouvrières nationales ; le Groupe se mit immédiatement à la disposition des organisations ouvrières nationales. Il siégea toute la semaine, matin et soir, en réunion mixte avec la Fédération des métaux, avec celle de la Voiture et le secrétariat de la Confédération Générale du Travail.

La délégation du Groupe, composée de Albert Thomas, Brenier, Brizon, Cachin, Hubert-Rouger, Jean Longuet, Ernest Lafont, P. Mistral, P. Renaudel, Alexandre Varenne, s'entremit auprès du ministre de l'armement et du président du conseil, avec les délégations ouvrières ; elles entretinrent le gouvernement des revendications ouvrières et employèrent tous leurs efforts pour obtenir la suppression des représailles patronales et gouvernementales qu'elles ne parvinrent qu'à limiter. Ses efforts se continuent à l'heure présente pour que les dernières sanctions soient rapportées.

Pour la grève de la Loire, les mêmes efforts ont été faits d'accord avec la Fédération des métaux et la C. G. T.

***

Dans la même semaine, le Groupe prit la décision de déposer à une prochaine séance une demande d'interpellation sur la politique extérieure des gouvernements alliés.

Après les mouvements ouvriers, le Groupe convoqua au Palais-Bourbon tous les députés appartenant aux groupes républicains de gauche, et devant plus de deux cents représentants du peuple, la délégation de la Confédération Générale du Travail et de la Fédération des métaux fut reçue le 7 juin. L. Jouhaux et Merrheim expliquèrent l'attitude des organisations ouvrières, revendiquèrent pour la classe ouvrière organisée la pleine liberté d'action nationale et internationale.

***

Depuis, le Groupe a eu à maintes reprises à envoyer des délégations auprès du gouvernement pour faire entendre des protestations contre les tracasseries et les persécutions policières dont sont victimes les militants des syndicats ouvriers.

Les Elections

Les pouvoirs de deux séries du Sénat, des Conseils municipaux, des Conseils généraux et d'arrondissement sont expirés, ceux de la Chambre prenaient fin le 31 mai 1918.

Le 24 décembre, la Chambre examina et vota le projet ajournant les élections. Mayéras demanda qu'il fût procédé à la revision des listes électorales et le renvoi à la Commisssion du suffrage universel pour étude d'un autre projet. 57 voix, dont 44 socialistes, votèrent son amendement. 41 socialistes votèrent contre, 2 s'abstinrent.

L'amendement Renaudel tendant à renvoyer à la Commission l'article relatif à la prorogation des élections de la Chambre des députés obtint 60 voix, dont 48 socialistes. 37 votèrent contre. 2 s'abstinrent.

Les Catastrophes

Laval et Walter interpellèrent le gouvernement, le 19 mars, au sujet des causes de la catastrophe de la Courneuve, due à l'impéritie administrative. Ils demandèrent que les négligences coupables fussent punies. Avec Voillot, ils réclamèrent de larges indemnités, se substituant aux secours dérisoires. Le relèvement du crédit de secours demandé par eux n'obtint que 135 voix, parmi lesquelles celles du Groupe.

L'ordre du jour suivant avait été déposé par le Groupe :

> La Chambre adresse aux victimes de la catastrophe de la Courneuve et à leurs familles l'expression de sa profonde sympathie;
>
> Regrette l'imprévoyance et l'incurie des services responsables;
>
> Compte sur le gouvernement pour prendre toutes les sanctions nécessaires et toutes les mesures utiles afin d'éviter le retour de tels désastres ;
>
> Et passe à l'ordre du jour.

Ce fut l'ordre du jour de confiance qui fut voté à mains levées.

Interpellations diverses

Le 22 février, Giray interpella le gouvernement et lui indiqua les mesures à prendre pour assurer la fabrication et la répartition de la chaussure nationale. La Chambre vota l'ordre du jour Giray.

Le 25 mai, Moutet interpella sur les mesures que le gouvernement entendait prendre pour assurer la liaison maritime entre la France et l'Algérie et, avec Bouisson, réclama la constitution d'une flotte d'Etat pour assurer les services, en invitant le gouvernement à déposer un projet. La Chambre se rallia à leur manière de voir.

Le 17 juillet, Poncet interpella sur la désorganisation du service automobile et proposa d'intéressantes suggestions que le sous-secrétaire d'Etat se montra disposé à suivre.

Le 19 juillet, Deguise questionna le ministre de la guerre sur le mode de transmission de la correspondance des soldats aux familles et sur les renseignements aux familles en ce qui concerne les soldats disparus.

Le 19 mars, Mayéras essaie d'interpeller sur les représailles. M. Clemenceau demande à être entendu auparavant par la Commission de l'armée. 340 voix lui accordent satisfaction. 108 (dont les socialistes) contre.

Lafont, Barthe, Renaudel, Bouisson, dans la discussion des crédits aux transports maritimes pour l'affrètement de navires brésiliens, désapprouvèrent les pourboires et commissions payés aux intermédiaires ; 98 voix les suivirent, tous les socialistes votèrent contre.

Adoption de propositions diverses

Le 22 décembre, Goude fit voter par la Chambre une proposition de résolution invitant le gouvernement à présenter un projet de loi fixant les attributions et les cadres des officiers du corps du commissariat de la marine.

Le 4 mars, la Chambre vote une proposition Paul Constans facilitant aux villes la restauration de leur plan d'extension et d'aménagement.

Le 13 décembre, la Chambre saisie de la proposition Louis Bernard invitant le gouvernement à intervenir auprès des patrons filateurs pour que des allocations de cherté de vie soient accordées aux ouvrières fileuses, le ministre du travail prit l'engagement demandé.

Les Hauts Commissaires

Les camarades savent dans quelles conditions Bouisson, Compère-Morel, Diagne avaient accepté les hauts commissariats de la marine marchande, de l'agriculture et mission au Sénégal. Appelés devant le groupe, nos camarades avaient indiqué qu'ils avaient cru devoir accepter une mission nettement délimitée qui ne liait en rien leur indépendance et n'avait aucun rapport avec une collaboration gouvernementale, qu'en dehors de la mission précise tendant à appliquer les mesures proposées par le Parti, ils n'avaient aucune solidarité politique avec le gouvernement.

Le Groupe, après ces échanges de vues, avait voté à l'unanimité, moins cinq voix, l'ordre du jour suivant pour être soumis au Conseil national :

....

Rappelle que le congrès de Bordeaux a décidé qu'une participation au gouvernement pendant la guerre devait avoir pour conditions: 1° l'accord préalable entre le gouvernement et le Parti socialiste sur le programme, et par conséquent la consultation des organismes qualifiés du Parti; 2° l'établissement de rapports suivis entre le Parti et ses délégués au gouvernement.

Maintenant ces décisions, et décidant par analogie, au sujet de la désignation de plusieurs membres du Parti comme commissaires du gouvernement

Le Conseil national constate que des camarades ont été appelés pour appliquer au bénéfice de la défense nationale le programme proposé sur des points particuliers par le Parti socialiste depuis la guerre, notamment l'organisation de la culture intensive des terres et l'organisation de notre trafic maritime appuyée sur la réquisition des navires: que n'ayant accepté aucune part aux conseils du gouvernement, ils n'ont aucune part de responsabilité politique ;

Compte sur ces camarades pour que, suivant leurs explications et engagements, ils fassent appliquer sans défaillance le programme pour la réalisation duquel ils ont été appelés, et pour qu'ils restent « prêts, sans hésitation ni retard, à incliner devant le salut de la collectivité nationale tous les intérêts particuliers et contradictoires » ;

Les autorise donc à conserver jusqu'à nouvel ordre les fonctions qu'ils remplissent, mais il demande à tous les élus du Parti de n'accepter à l'avenir aucune fonction de ce genre sans que le Groupe socialiste et la C. A. P. réunis aient pu donner leur avis sur l'opportunité de l'acceptation.

Le Conseil national se prononça, les 17-18 février 1918, en adoptant cette motion.

L'Affaire Caillaux

Poussé au pouvoir par une opinion publique, affolée par la campagne de l'*Action Française*, M. Clemenceau ne pouvait se soustraire à l'action qu'on attendait de lui.

Le 11 décembre, il déposait une demande en autorisation de poursuites contre deux membres du Parlement : MM. Caillaux et Loustalot.

Le réquisitoire dressé par M. Clemenceau, et signé par le gouverneur militaire de Paris, reprochait à M. Caillaux ses relations avec Bolo, Almereyda, Landau et d'avoir tenu, en Italie, des propos susceptibles de détruire nos alliances.

La Commission nommée concluait, par 7 voix contre 4, à la levée de l'immunité parlementaire. M. Caillaux se défendit à la séance du 21 décembre, en opposant de catégoriques démentis aux accusations portées contre lui, il demanda que les poursuites fussent autorisées.

Bracke profita de la discussion pour dénoncer le jeu des adversaires du régime républicain, et Renaudel la complicité de M. Clemenceau dans la campagne royaliste contre la République.

La levée d'immunité fut accordée par 398 voix contre 2. Les voix du Groupe se divisèrent : 76 abstentions, 12 pour, 1 contre.

Dans les premiers jours de janvier, de nouvelles accusations étaient répandues contre M. Caillaux : on avait trouvé dans son coffre-fort de Florence des millions et un plan de coup d'Etat. L'arrestation de MM. Caillaux et Loustalot fut opérée. Les millions se sont évanouis, l'instruction se poursuit depuis huit mois, sans que l'accusation ait encore pris une décision de renvoi devant les juges s'il y a lieu, ou de non-lieu si les faits ne sont pas retenus.

L'ouverture du coffre-fort de Florence ayant été opérée sans la présence d'un représentant de l'inculpé, E. Lafont interpella sur cette violation de la loi ; l'ordre du jour pur et simple fut voté. Tous les socialistes votèrent contre, sauf 12 qui s'abstinrent.

L'Affaire Malvy

Le procureur du roi, M. Léon Daudet, a entrepris de discréditer tous les hommes du parti républicain, qu'il couvre quotidiennement d'injures et de calomnies. Tant que M. Clemenceau fut éloigné du pouvoir il eut sa part, M. Daudet ne ménageant que ceux qui disposent de la force coercitive. Trois années durant il respecta M. Malvy, attaqué furieusement le jour où il quitta la place Beauvau.

Par une lettre au président de la République, il accusa formellement l'ancien ministre de l'intérieur d'avoir « livré aux

Allemands le plan d'attaque du Chemin-des-Dames, et fomenté des mutineries militaires ».

M. Painlevé communiqua, sur la demande de M. Malvy, cette lettre à la Chambre quelques jours avant sa chute.

Devant cette abominable accusation, M. Malvy demanda à la Chambre, le 22 novembre, de le renvoyer devant la Haute Cour pour faire justice au grand jour de ces odieuses calomnies.

La Chambre fit droit à son désir. Le procès est venu.

La Commission d'instruction dressa un réquisitoire, où il n'était plus question du crime de trahison, mais de complaisances envers la classe ouvrière; le réquisitoire était tout entier forgé contre elle, M. Malvy était accusé de ne pas avoir appliqué le carnet B, de s'être refusé à multiplier les arrestations de militants ouvriers, d'avoir refusé de faire perquisitionner dans les Bourses du Travail, d'avoir au cours des grèves favorisé les ouvriers, etc., en un mot d'avoir fait confiance à la classe ouvrière.

Au grand jour de la discussion publique, l'accusation s'effondra. Seuls quelques policiers de second ordre, quelques officiers licenciés ou désembusqués soutinrent l'accusation. Tous les grands chefs de service, préfets de police, directeurs de Sûreté générale, parlementaires, secrétaires de syndicats ouvriers, quatre anciens présidents du conseil vinrent témoigner de ce que la politique de M. Malvy avait donné trois ans de tranquillité à la France.

Le réquisitoire du procureur général abandonna l'acusation de trahison, mais retint la complicité. Le Sénat dut, à l'unanimité, abandonner cette dernière et acquitter à la grande majorité M. Malvy, faisant ainsi justice des calomnies du procureur du roi.

Mais il fallait une condamnation, quelle qu'elle fût, et c'est alors que le Sénat, commettant une véritable forfaiture, se déclara souverain. Se mettant au-dessus de la loi, il créa le crime, accusa l'ancien ministre de forfaiture dans l'exercice de ses fonctions et, après s'être fait accusateur, il jugea et condamna au bannissement.

Contre l'iniquité de cet arrêt, contre la forfaiture des 96 sénateurs, se plaçant au-dessus de la loi, les organisations ouvrières, démocratiques et socialistes ont protesté, le Parti socialiste fit entendre sa protestation par l'organe de sa C. A. P., le Groupe socialiste, dans sa séance du jeudi 5 septembre, chargea Hubert-Rouger, Mistral, Renaudel et Varenne de rédiger un ordre du jour qui fut adopté à l'unanimité

Le Groupe socialiste au Parlement constate le mouvement général de protestation qui unit les forces républicaines du pays, les groupements économiques et politiques de la classe ouvrière contre le verdict de la Haute-Cour. Fort de son accord avec cette protestation dont la C. A. P. a déjà pris sa part, le Groupe socialiste s'efforcera de dégager devant le pays les conclusions générales de ces événements dans lesquels se trouve intéressé le développement de la République pour laquelle se battent les soldats de France. Le Groupe examinera dans une séance ultérieure des détails de son action.

***

Le Groupe socialiste consacra plusieurs séances à l'examen de la situation russe. En novembre 1917, il entendit Georges Weil, retour de Russie ; en juin, Krichewski revenant de Petrograd et Moscou. Saisi par le Comité Central du Parti socialiste révolutionnaire russe, d'abord d'une protestation contre la dissolution de la Constituante, ensuite d'un appel contre le gouvernement bolcheviste, il décida, après délibération, de s'en rapporter au Conseil national de juillet qui devait définir l'attitude du Parti sur les choses de Russie.

Par sa délégation, il a eu à intervenir à diverses reprises pour protester contre les tracasseries dont certains Russes engagés volontaires au service de la France furent l'objet.

***

Le Groupe a fraternellement reçu diverses délégations ouvrières et socialistes des pays alliés. Le 15 février, Henderson et Mac Donald, du Labour Party anglais ; Huysmans et de Brouckère, du Parti ouvrier belge, venus s'entretenir de la conférence internationale ; puis la délégation travailliste américaine ; ensuite, le 5 juillet, Kerenski et Branting, et, enfin, le 2 août, une délégation socialiste des Etats-Unis composée de J. Spargo, Simons, Howat, Kopling et Russel.

***

Telle est, fidèlement rapportée, l'action du Groupe au cours de cette année. Au Congrès National de la juger et de se prononcer dans sa souveraineté.

Adopté par le Groupe dans sa séance du jeudi 5 septembre 1918.

Le rapporteur,
HUBERT-ROUGER,
Secrétaire du Groupe.

ANNEXE AU RAPPORT

RAPPORTS DÉPOSÉS PAR DES MEMBRES DU GROUPE

18 octobre : par Cabrol au nom de la Commission d'hygiène sur le projet de loi rendant obligatoires la vérification et le contrôle des thermomètres destinés à l'usage médical.

18 octobre : par E. Rognon au nom de la Commission de l'Armée sur une proposition de résolution étendant le bénéfice de l'indemnité des combattants aux troupes accomplissant le service sous le feu de l'ennemi.

18 octobre : par E. Barthe au nom de la Commission de l'Agriculture sur la proposition de résolution tendant à favoriser la distillation des produits agricoles.

18 octobre : par E. Navarre au nom de la Commission de l'Hygiène sur la proposition de résolution adoptée par le Sénat sur les établissements insalubres, etc.

24 novembre : par Compère-Morel au nom de la Commission de l'Agriculture sur la proposition Locquin tendant à organiser la production du blé.

4 décembre : par P. Brunet au nom de la Commission d'Assurance et de Prévoyance sociale, proposition concernant la rééducation professionnelle et l'Office national des mutilés et réformés de la guerre.

5 décembre : par E. Rognon au nom de la Commission de l'Armée sur proposition modifiant la trésorerie aux armées.

5 décembre : par E. Rognon au nom de la Commission de l'Armée sur proposition tendant à relever l'indemnité aux engagés spéciaux.

5 décembre : par A. Rozier au nom de la Commission d'Administration générale sur divers projets autorisant le département de la Seine à diverses dépenses d'intérêt départemental.

6 décembre : par Marius Valette au nom de la Commission des Mines sur la proposition de loi Bouveri tendant à l'organisation de Commissions mixtes ouvrières et patronales.

7 décembre : par Marius Moutet au nom de la Commission des Affaires extérieures sur la proposition de résolution Constant invitant le gouvernement à faire rechercher les complices de l'aventurier Godsoll.

7 décembre : par Barabant au nom de la Commission des Travaux publics sur le projet de loi approuvant la convention avec les Compagnies de chemins de fer pour accorder des suppléments d'allocations au personnel.

11 décembre : par Auriol au nom de la Commission de Législation fiscale sur le projet de loi sur les bénéfices de guerre.

11 décembre : par E. Lafont au nom de la Commission de Législation fiscale sur les projets de loi contre les fraudes fiscales.

12 décembre : par Barthe au nom de la Commission de l'Agriculture sur sa proposition relative à l'emploi des céréales.

14 décembre : par M. Mistral au nom de la Commission des Marchés sur des marchés de mitrailleuses.

19 décembre : par E. Rognon au nom de la Commission de l'Armée sur les propositions fixant la péréquation de grades aux officiers coloniaux.

19 décembre : par E. Rognon au nom de la Commission de l'Armée sur le projet relatif au recrutement des officiers d'administration, de l'Intendance et du Service de santé.

19 décembre : par E. Rognon au nom de la Commission de l'Armée sur le projet créant la position dite « en réserve spéciale ».

22 décembre : par Compère-Morel au nom de la Commission du Budget sur l'Imprimerie Nationale.

22 décembre : par Aldy sur le budget de la caisse des Invalides de la Marine.

22 décembre : par Adrien Veber sur le budget de l'Instruction publique.

22 décembre : par Bedouce sur le budget des Travaux publics.

22 décembre : par A. Varenne sur le budget des Chemins de fer de l'Etat, des Postes et Télégraphes.

29 décembre : par A. Veber sur proposition autorisant le ministre à acquérir des immeubles, pour réaliser l'isolement de la Bibliothèque de l'Arsenal.

10 janvier : par E. Rognon au nom de la Commission de l'Armée sur la proposition de résolution tendant à une meilleure utilisation des contingents militaires de la Nouvelle-Calédonie.

10 janvier : par E. Rognon au nom de la Commission de l'Armée sur la proposition de résolution tendant à accorder la solde et l'indemnité de vivres aux militaires envoyés en convalescence à la suite d'accidents dans le service à l'intérieur.

10 janvier : par Compère-Morel au nom de la Commission de l'Agriculture sur les propositions tendant à organiser la production du blé et la mise en culture des terres abandonnées.

31 janvier : par M. Valette au nom de la Commission des Mines, rapport supplémentaire sur la proposition Bouveri organisant les Commissions mixtes.

31 janvier : par E. Barthe au nom de la Commission de l'Agriculture sur la proposition de résolution tendant à l'utilisation à l'agriculture des chevaux réformés de l'armée.

31 janvier : par Barabant au nom de la Commission des Travaux publics sur le projet de loi approuvant la convention avec les Compagnies de chemins de fer pour accorder au personnel des suppléments d'allocations.

1er février : par Jean Locquin au nom de la Commission de l'Enseignement sur la proposition tendant à organiser l'enseignement réciproque des langues des pays alliés.

14 février : par J. Nadi au nom de la Commission d'Assurance et de Prévoyance sociale sur la proposition étendant à toutes les veuves et orphelins des fonctionnaires civils le bénéfice de la loi accordant des allocations de cherté de vie.

19 février : par Compère-Morel, rapport supplémentaire au nom de la Commission de l'Agriculture sur la mise en culture des terres abandonnées et la production du blé.

20 février : par E. Rognon au nom de la Commission de l'Armée concernant les réfugiés des pays envahis.

20 février : par E. Rognon au nom de la Commission de l'Armée sur une proposition tendant à compléter la loi du 21 décembre 1916 relative à l'admission des officiers d'administration dans une arme autre que leur arme d'origine.

21 février : par E. Rognon au nom de la Commission de l'Armée sur la proposition Barthe-Rouger sur l'organisation de la réquisition et l'exploitation des wagons-réservoirs.

21 février : par E. Barthe au nom de la Commission de l'Agriculture sur l'organisation de la réquisition et l'exploitation des wagons-réservoirs.

21 février : par Théo Bretin au nom de la Marine marchande annulation et ouverture de crédits sur les chapitres Transports maritimes et Affrètements.

21 février : par E. Rognon au nom de la Commission de l'Armée sur la proposition de résolution invitant le gouvernement à allouer la solde et l'indemnité de vivres aux militaires des armées bénéficiant de permissions exceptionnelles à l'occasion de la naissance d'un enfant.

1er mars : par M. Moutet au nom de la Commission des Affaires extérieures : 1° sur la proposition facilitant aux militaires indigènes d'Algérie, Tunisie, Maroc l'accession à la qualité de citoyens français ; 2° sur la proposition déterminant les conditions d'acquisition par les indigènes des droits civils et politiques ; 3° tendant à accorder la naturalisation dans le statut au titre local.

5 mars : par E. Pouzet au nom de la Commission de la Marine de guerre sur la réorganisation du personnel des écrivains administratifs des ports et établissements maritimes.

7 mars : par E. Rognon au nom de la Commission de l'Armée sur la mise à la charge de l'Etat des surprimes de guerre pour assurances collectives au décès.

7 mars : par E. Rognon au nom de la Commission de l'Armée sur la réorganisation du corps des gardiens de batterie.

12 mars : par Hubert-Rouger au nom de la Commission des Boissons sur le monopole des alcools (2e avis).

14 mars : par Théo Bretin au nom de la Commission de Législation fiscale sur le relèvement des tarifs de certaines taxes et le relèvement de l'impôt sur les sucres.

14 mars : par E. Rognon au nom de la Commission de l'Armée sur l'ouverture de crédits additionnels au Ministère de la Guerre.

15 mars : par J. Nadi au nom de la Commission d'Assurance et de Prévoyance sociale sur le projet Locquin étendant à toutes les veuves et orphelins des fonctionnaires civils décédés sous les drapeaux au cours de la guerre le bénéfice de la loi instituant un supplément temporaire de traitement.

15 mars : par V. Auriol au nom de la Commission de Législation fiscale sur un projet ayant pour objet le relèvement des tarifs de certaines taxes et le remaniement de divers impôts.

15 mars : par Théo Bretin au nom de la Commission de l'Enseignement sur une proposition de loi concernant l'avancement des instituteurs et institutrices.

19 mars : par E. Barthe au nom de la Commission de l'Agriculture sur une proposition concernant l'adhésion à l'Institut International d'Agriculture des Colonies.

21 mars : par Marius Moutet au nom de la Commission des Affaires extérieures sur une proposition de loi sur le recrutement de l'inspection des colonies.

21 mars : par Compère-Morel au nom de la Commission d'Agriculture sur le projet de mise en culture des terres abandonnées.

21 mars : par Mistral au nom de la Commission des Marchés sur le marché d'affûts-trépieds pour mitrailleuses.

22 mars : par Bedouce au nom de la Commission des Travaux publics sur le projet déclarant d'utilité publique une voie ferrée d'intérêt local dans les Hautes-Pyrénées.

22 mars : par E. Lafont au nom de la Commission de Législation fiscale sur la proposition de loi instituant une régie intéressée pour l'importation des cafés verts.

22 mars : par E. Lafont au nom de la Commission de Législation fiscale sur un projet de loi remaniant les taxes de timbre et d'enregistrement.

22 mars : par E. Lafont au nom de la Commission de Législation fiscale sur un projet de loi relatif aux mesures contre les fraudes fiscales.

26 mars : par V. Auriol au nom de la Commission de Législation fiscale sur la prorogation du délai de déclaration en matière d'impôt sur le revenu.

26 mars : par E. Pouzet au nom de la Commission de la Marine de guerre sur le projet mettant à la charge de l'Etat des surprimes de guerre pour les assurances collectives des mutualités militaires.

27 mars : par Arthur Rozier au nom de la Commission de l'Administration générale sur le projet autorisant la Ville de Paris à s'imposer de centimes additionnels.

27 mars : par Goude au nom de la Commission des Pensions sur la proposition de résolution Pouzet invitant le ministre à réorganiser le personnel des écrivains administratifs des ports et établissements maritimes.

28 mars : par F. Morin au nom de la Commission d'Assurance et de Prévoyance sociale sur la proposition Nadi tendant à appliquer aux réformés n° 1 et à tous les bénéficiaires de pensions ou gratifications le bénéfice du droit d'option.

16 mai : par J. Cabrol au nom de la Commission des Mines sur le projet de loi tendant à modifier la loi du 5 avril 1910 sur les retraites ouvrières et paysannes et la loi du 25 février 1914 modifiant la loi créant une caisse autonome des mineurs.

16 mai : par C. Reboul au nom de la Commission de Ravitaillement sur le projet de loi portant ratification du décret du 21 mars 1918 fixant les infractions relatives à la vente, à la circulation, à l'emploi du pétrole, essence, ainsi qu'à la circulation des voitures automobiles.

17 mai : par Théo Bretin au nom de la Commission de l'Enseignement sur l'amendement Mauger relatif à l'application aux membres de l'enseignement mobilisés des lois des 5 août 1914 et 4 août 1917.

25 juin : par E. Rognon au nom de la Commission de l'Armée sur le relèvement des soldes des sous-officiers et soldats.

2 juillet : par Goude au nom de la Commission de la Marine sur l'unification des augmentations temporaires de traitements des militaires des armées de mer.

16 juillet : par Cabrol au nom de la Commission d'Hygiène sur la vérification et le contrôle des thermomètres médicaux.

19 juillet : par M. Moutet au nom de la Commission des Affaires extérieures sur le projet de loi relatif à l'accession des indigènes musulmans algériens aux droits politiques.

PROPOSITIONS DE LOI

16 octobre : par A. Veber, d'une proposition de loi tendant à modifier le dernier alinéa de la loi du 12 avril 1906. (Renvoyé à la Commission d'Assistance Sociale.)

18 octobre : par J. Nadi, d'une proposition d'ouverture de crédits de secours.

8 novembre : par Barthe, d'une proposition portant réorganisation du service de trésorerie et postes aux armées. (Renvoyé aux Commissions de l'Armée et du Budget.)

9 novembre : par Bouveri, d'une proposition tendant à augmenter les pensions des ouvriers mineurs retraités et les mensualités aux assistés de la loi du 14 juillet 1905. (Renvoyé à la Commission de l'Assistance Sociale.)

23 novembre : par Navarre, tendant à déterminer les quantités de céréales et pommes de terre disponibles pour la consommation habituelle. (Renvoyé à la Commission d'administration générale.)

4 décembre : par Giray, tendant à charger l'Etat du monopole du papier à cigarettes. (Renvoyé à la Commission de Législation fiscale.)

4 décembre : par Buisset, tendant à ouvrir des crédits de secours. (Renvoyé à la Commission du Budget.)

5 décembre : par Jean Bon, tendant à transporter le commencement de l'année budgétaire au 1er avril. (Renvoyé à la Commission du Budget.)

5 décembre : par Jean Locquin, tendant à étendre à toutes les veuves et tous les orphelins de fonctionnaires, agents, sous-agents et ouvriers de l'Etat morts sous les drapeaux le bénéfice de la loi du 4 août 1917 sur les allocations de cherté de vie. (Renvoyé à la Commission du Budget.)

11 décembre : par Barthe et Hubert-Rouger, tendant à organiser rationnellement la réquisition des wagons-réservoirs. (Renvoyé à la Commission de l'Armée.)

11 décembre : par Barthe, proposition relative à la suppression des taxes d'octroi. (Renvoyé à la Commission de Législation fiscale.)

13 décembre : par Jules Nadi, concernant l'inscription sur un livre d'or déposé au Panthéon des noms de tous les soldats et officiers morts pour la France. (Renvoyé à la Commission de l'Armée.)

18 décembre : par Emile Dumas et Groupe, ayant pour objet de supprimer le couchage à la paille dans les établissements agricoles.

21 décembre : par Théo Bretin et Bouveri, tendant à assujettir à retenue le supplément de traitement des instituteurs. (Renvoyé à la Commission de l'Enseignement.)

21 décembre : par Compère-Morel et Locquin, tendant à organiser la production du blé et la mise en culture des terres abandonnées. (Renvoyé à la Commission de l'Agriculture.)

21 décembre : par Basly, relative au logement et à l'installation des réfugiés. (Renvoyé à la Commission d'administration générale.)

28 décembre : par Camille Reboul, ayant pour objet de faciliter le regroupement de la propriété rurale.

31 décembre : par Mauger, concernant les mutilés de la guerre employés dans l'agriculture, victimes d'accidents du travail. (Renvoyé à la Commission d'Assistance et de Prévoyance sociale.)

24 janvier : par E. Barthe, concernant la prorogation du privilège de la Banque de France. (Renvoyé aux Commissions du Commerce et du Budget.)

25 janvier : par Goude, ayant pour but d'attribuer à la marine un contingent supplémentaire de croix de la Légion d'honneur. (Renvoyé à la Commission de la Marine.)

7 février : par André Lebey, tendant à exempter de la taxe sur les objets de luxe les œuvres d'art originales vendues par leur auteur. (Renvoyé à la Commission de Législation fiscale.)

20 février : par Charles Reboul, tendant à établir la dépense minimum journalière nécessaire à chaque individu et à chaque famille pour pouvoir se nourrir, se vêtir et se loger convenablement. (Renvoyé à la Sous-commission d'Assistance et de Prévoyance sociale.)

1er mars : par Sixte-Quenin, proposition ayant pour but l'attribution d'une allocation temporaire aux petits retraités des chemins de fer d'intérêt général. (Renvoyé à la Commission des Travaux publics.)

5 mars : par Paul Constans, proposition de résolution concernant les plans d'extension et d'aménagement des villes. (Renvoyé à la Commission d'administration générale.)

21 mars : par Jules Nadi, proposition de loi tendant à accorder le bénéfice du droit d'option à tous les réformés n° 1 et bénéficiaires de pensions ou gratifications de réforme. (Renvoyé à la Commission d'Assistance et de Prévoyance sociale.)

22 mars : par Adrien Veber, proposition tendant à étendre le privilège des ouvriers et des commis aux artistes lyriques et dramatiques. (Renvoyé à la Commission de Législation civile.)

7 mai : par Ed. Barthe, proposition tendant à assurer la protection des petits commerçants et petits industriels. (Renvoyé à la Commission du Commerce.)

14 mai : par E. Rognon, concernant le relèvement de solde des sous-officiers à solde journalière, des caporaux, soldats et marins. (Renvoyé à la Commission de l'Armée.)

30 mai : par Bracke, ayant pour objet l'extension des cultures de céréales au Maroc. (Renvoyé à la Commission du Budget.)

30 mai : par J. Locquin, ayant pour but d'affecter aux équipages de la flotte les ouvriers des arsenaux maritimes. (Renvoyé à la Commission de la Marine de guerre.)

6 juin : par A Varenne, tendant à ouvrir un crédit pour la liquidation des pensions en souffrance des agents et sous-agents des P. T. T. (Renvoyé à la Commission du budget.)

6 juin : par Brenier, tendant à instituer l'aide aux familles nombreuses. (Renvoyé à la Commission du budget, ass. prév. soc., Administration générale.)

23 juillet : par Doizy, concernant les fraudes sur le miel. (Renvoyé à la Commission de l'Agriculture et à la Commission de législation civile.)

25 juillet : par Bouveri, tendant à augmenter les allocations principales aux familles des mobilisés. (Renvoyé à la Commission d'Assistance sociale et à la Commission du Budget.)

25 juillet : par Giray, tendant à ouvrir un crédit en faveur d'agriculteurs sinistrés. (Renvoyé à la Commission du budget.)

PROPOSITIONS DE RÉSOLUTION

19 octobre : par E. Barthe, tendant à mettre à la disposition de l'agriculture tous les chevaux réformés. (Renvoyé à la Commission de l'Agriculture.)

19 octobre : par E. Barthe, tendant à relever de 3 à 5 p. 100 l'intérêt de crédit dont sont passibles certains droits. (Renvoyé à la Commission du budget.)

6 novembre : par Brenier, tendant à mises en sursis illimités des R. A. T. et territoriaux versés, à la suite de maladie et après avoir fait campagne dans le service auxiliaire. (Renvoyé à la Commission de l'Armée.)

21 novembre : par Jules Nadi, tendant à procéder à l'expertise des fabriques d'absinthe et liqueurs.

21 novembre : par Jules Nadi, tendant à inscrire les négociants au tableau A des mises en sursis.

10 janvier : par Barabant et F. Morin, tendant à accorder des permissions de compensation aux hommes des classes 1889, 1890, 1891, 1892, convoqués avant la date d'appel de leur classe. (Renvoyé à la Commission de l'Armée.)

15 janvier : par Jules Nadi, tendant au maintien des allocations aux foyers des réformés n° 1 incapables de travail. (Renvoyé à la Commission d'Assurance et de Prévoyance sociale.)

15 janvier : par B. Mayéras, tendant à relever le taux du prêt des soldats et la solde des sous-officiers. (Renvoyé à la Commission de l'Armée.)

19 mars : par O. Deguise, tendant à inviter le gouvernement à créer au profit des sinistrés de guerre une caisse d'assurances. (Renvoyé à la Commission des dommages de guerre.)

22 mars : par E. Barthe, tendant à organiser le transport des vins français avant les vins des pays neutres. (Renvoyé à la Commission du Ravitaillement.)

25 mars : par O. Deguise, tendant à accorder aux populations évacuées des avances d'urgence. (Renvoyé à la Commission des Dommages de guerre.)

28 mars : par H. Mauger-Lorgues, tendant à ce que le gouvernement ne puisse modifier le tarif du quart de place pour les militaires et marins voyageant isolément.

30 avril : par Levasseur, tendant à inviter le gouvernement à prendre des mesures pour empêcher la violation de la loi sur les loyers.

14 mai : par Goude, invitant le gouvernement à unifier les augmentations temporaires de traitement des militaires de l'armée de mer. (Renvoyé aux Commissions de l'Armée, de la Marine et du Budget.)

13 juin : par E. Barthe, tendant à généraliser l'utilisation du chèque aux Armées et à obtenir réduction de la circulation fiduciaire. (Renvoyé à la Commission du Budget.)

20 juin : par A. Levasseur, concernant l'effet des congés en matière de loyers. (Renvoyé à la commission de législation civile et criminelle.)

19 juillet : par E. Lafont, concernant la publication du compte rendu sténographique du comité secret du 29 juin 1917. (Renvoyé à la Commission de l'Armée.)

1er août : Doizy-Demoulin, concernant les hommes des vieilles classes des régions envahies. (Renvoyé à la Commission de l'Armée.)

Imp. de la Presse, 16, rue du Croissant. Paris. — V. SIMART, Impr.

www.ingramcontent.com/pod-product-compliance
Ingram Content Group UK Ltd.
Pitfield, Milton Keynes, MK11 3LW, UK
UKHW020412250726
13967UKWH00006B/2606